BERLITZ

NEW YORK

Herausgeber: Redaktion des Berlitz Verlags

Copyright © 1991, 1978 Berlitz Verlag AG,
London Road, Wheatley, Oxford OX9 1YR, England.

Alle Rechte vorbehalten, insbesondere das Recht der Vervielfältigung
und Verbreitung sowie der Übersetzung. Ohne schriftliche
Genehmigung des Verlags ist es nicht gestattet, den Inhalt dieses
Werkes oder Teile daraus auf elektronischem oder mechanischem
Wege (Fotokopie, Mikrofilm, Ton- und Bildaufzeichnung,
Speicherung auf Datenträger oder ein anderes Verfahren) zu
reproduzieren, zu vervielfältigen oder zu verbreiten.

Berlitz ist ein beim U.S. Patent Office und in anderen Ländern
eingetragenes Warenzeichen – Marca Registrada.

Printed in Switzerland by Weber S.A., Bienne.

12. Auflage
Ausgabe 1991/1992

WICHTIGES AUF EINEN BLICK

- Einen ersten Eindruck der Stadt und ihrer Bewohner erhalten Sie in den Kapiteln New York und die New Yorker, S. 7, und Geschichtlicher Überblick, S. 13.
- Die Sehenswürdigkeiten werden auf den Seiten 21 bis 78 beschrieben. Was Sie unserer Meinung nach unbedingt sehen sollten, ist am Rand mit dem Berlitz-Symbol gekennzeichnet.
- Hotel- und Restaurantempfehlungen finden Sie auf den gelben Seiten in der Mitte des Führers.
- Tips für Unterhaltung, Einkaufsbummel, Küche, Sport und Erholung stehen auf den Seiten 81 bis 98. Eine eigene Sektion ist den Kindern gewidmet, S. 90.
- Nützliche Informationen und Hinweise für die Reise geben wir ab Seite 99.
- Wenn Sie Informationen zu einem bestimmten Stichwort suchen, dann schlagen Sie im Register am Ende des Bandes nach.

Alle Informationen in diesem Reiseführer sind sorgfältig überprüft worden, erfolgen aber ohne Gewähr. Der Verlag kann für Tatsachen, Preise, Adressen und allgemeine Angaben, die fast ständig von Änderungen betroffen sind, keine Verantwortung übernehmen. Berlitz Reiseführer werden regelmäßig auf den neuesten Stand gebracht; dennoch lassen sich Fehler natürlich nicht ausschließen, und die Redaktion ist für Berichtigungen und Hinweise dankbar.

Text: Martine Lamunière
Deutsche Fassung: Gerhard Peters
Redaktion: Katharina Fuchs
Layout: Doris Haldemann
Fotos: Erling Mandelman; S. 74–75 PRISMA/ West Light;
Titelbild: Jean Mohr
Kartographie: Falk-Verlag, Hamburg
Unser besonderer Dank gilt Otto Wilck sowie Ken Bernstein, Barbara Ender, Sandra P. Griffiths und Anne-Karin Ratna für ihre wertvolle Hilfe bei der Vorbereitung dieses Reiseführers.

INHALT

New York und die New Yorker		7
Geschichtlicher Überblick		13
Sehenswürdigkeiten	Midtown	21
	Downtown	35
	Uptown	50
	Museen	60
	Ausflüge	72
Was unternehmen wir heute?	Einkaufsbummel	81
	NYC by Night	83
	Paraden und Festivals	87
	Sport	89
Für Kinder		90
Ein Blick in die Küche		93
BERLITZ-INFO	Praktische Hinweise von A-Z	99
Register		127

Hotel- und Restaurantempfehlungen   zwischen S. 64 und 65

Karten	New York City	22
	Greenwich Village	49
	Subway	122
	Midtown Manhattan	124
	Wallstreet	126

Für weitere Informationen über New York steht Ihnen der ebenfalls bei Berlitz erschienene New York Adreßführer *zur Verfügung. Hunderte von Adressen zu den verschiedensten Themenbereichen werden hier übersichtlich dargestellt und kommentiert. Eine ideale Ergänzung zu dem vorliegenden Band.*

NEW YORK UND DIE NEW YORKER

»Okay« – New York wimmelt von Menschen, es ist schmutzig, laut und von eher hemdsärmeliger Höflichkeit. Aber (oder gerade deshalb) ist es auch unbestreitbar eine der faszinierendsten Städte der Welt – die oft selbst Amerikanern, den »neidischen Provinzlern«, nicht ganz geheuer ist. Mögen auch Feuersirenen die ganze Nacht über heulen und höllische Schwaden aus den Kanaldeckeln wabern, Mauern und Zäune von Graffitis verunstaltet und Fußgänger schneller als Taxis sein... Das ist eben New York, und in dieser Stadt ist alles möglich.

New York ist »Big Apple«: die Wall Street und ihre Dollars, das Rockefeller Center mit seinen multinationalen Konzernen, die medienmanipulierende Madison Avenue, die Vereinten Nationen mit ihrem diplomatischen »Hickhack«... Soll's noch dynamischer sein?

New York ist in vieler Hinsicht ein »Flüchtlingslager«, das größte der Welt. Die Einwanderer, die nicht weiter wollten und denen nicht daran gelegen war, im Schmelztiegel Amerika aufzugehen, ließen sich in New York nieder und behielten weitgehend Kultur und Brauchtum ihres Heimatlandes bei. Vielfalt und Toleranz sind sprichwörtlich in dieser Stadt. Man kann tun und lassen, was man will – mitten auf dem Columbus Circle Kopfstand machen oder in der Wall Street Gedichte aufsagen – da guckt niemand zweimal hin.

Natürlich machen die Wolkenkratzer Eindruck. Ein wahrer Wald aus Glas und Stahl! Sehen Sie sich aber auch zur Abwechslung einige Wohnviertel an. Greenwich Village wird Sie mit seinen von (»yes«, echten) Bäumen gesäumten

Rollschuhlaufen vor dem Metropolitan Museum – und warum eigentlich nicht?

NEW YORK UND DIE NEW YORKER

Straßen und schmucken Sandsteinhäusern bezaubern, die an London oder Amsterdam erinnern. Und an der Upper West Side werden Ihnen die riesigen viktorianischen Mietshäuser mit maurischen Bögen, babylonischen Türmchen und gotischen Spitzen vielleicht ein Lächeln entlocken. Erstbesucher sind nicht selten recht nervös und verkrampft: wegen der Größe der Stadt, ihres erbarmungslosen Tempos – und ihres Rufs für Gewalttätigkeit. Kriminalität, die ihren Ursprung in Armut hat, ist hier sicherlich ein Problem. Man braucht sich nicht weit aus dem glitzernden

Blick auf Manhattans Hochhäuser von Brooklyn Heights aus.

NEW YORK UND DIE NEW YORKER

Zentrum hinauszuwagen, um trostlose Straßen mit verlassenen und ausgebrannten Häusern zu sehen. New Yorker machen gar kein Hehl daraus: sie mußten lernen, damit zu leben.

»Lockern« Sie sich und stellen Sie sich auf all das Aufregende ein, das ein großer Hafen, eine Mode-, Finanz- und Kulturmetropole zu bieten hat.

Kommerz und Kunst kommen hier bestens miteinander aus: Stolz verkündet ein Museumsführer, wieviel ein Rembrandt gekostet hat. Vom Pharaonengrab bis zu Pop Art – mit New Yorker Geld wurden Dutzende renommierter Museen geschaffen. Die Stadt ist das Zentrum kreativer Künste der USA, vielleicht sogar der ganzen Welt. Der Broadway ist die Wiege

NEW YORK UND DIE NEW YORKER

STADT DER SUPERLATIVE

New York ist weiter, höher und imposanter als jede andere Stadt. Zum Beweis ein paar Zahlen:

– Die fünf Bezirke (Manhattan, Brooklyn, Queens, Bronx und Staten Island) haben insgesamt 8 Millionen Einwohner. Mit den Vororten erhöht sich diese Zahl auf 12 Millionen, und wenn man die umliegenden Satelliten-Städte einbezieht, ergibt sich die stattliche Gesamteinwohnerzahl von 16 Millionen.

– New York City bedeckt ein Gebiet von 777 km². Das Straßennetz mißt 10 300 km, die Strände sind fast 30 km lang. Es gibt 1100 Parks, Plätze und öffentliche Anlagen mit einer Gesamtfläche von 150 km²; daneben gibt es 100 Museen und 400 Galerien, mehr als 30 Kaufhäuser, 400 Theater, etwa 100 Wolkenkratzer, 3500 Kirchen, 15 000 Restaurants, 100 000 erstklassige Hotelzimmer und 12 000 Taxis.

– Die U-Bahn befördert täglich rund 4 Millionen Fahrgäste, die Busse bringen es auf 2,5 Millionen. Die Zahl der Läden reicht weit in die Tausende. Ungefähr 17 Millionen Besucher kommen jedes Jahr in die Stadt, 2,5 Millionen davon aus Übersee.

In New York leben mehr Italiener als in Venedig, mehr Iren als in Dublin und mehr Juden als in jeder anderen Stadt der Welt.

des Musicals, und im Central Park steht man Schlange, um sich kostenlos Shakespeare anzusehen. Sie könnten sich leicht einen ganzen Nachmittag lang in die Sonntagsbeilage der N*ew York Times* mit Berichten zu jeweils laufenden Ballett-, Opern- und Konzertaufführungen vertiefen.

Heben Sie sich aber auch etwas Zeit für einen Einkaufsbummel auf. Das Angebot ist überwältigend, von günstiger Discount-Ware bis zu dem erlesenem Stück, nach dem Sie schon so lange gesucht haben. Und nutzen Sie die einzigartige Gelegenheit zu einer gastronomischen Blitzreise rund um die Welt. New York hat's!

In dieser Stadt ist wirklich alles ein wenig »überdreht«, selbst das Klima: im Sommer ist es zu heiß, im Winter zu kalt. »Um in New York zu leben, muß man schon ein bißchen verrückt sein«, heißt es auf einem U-Bahn-Plakat, »...verrückt nach Shows, Restaurants, Theatern, Shopping.« Die New Yorker mit dem goldenen Herzen unter ihrer rauhen Schale lieben ihre Stadt, wie sie ist, und hoffen, daß Sie das auch tun werden.

Glas überstrahlt die gotischen Türme von St. Patrick.

GESCHICHTLICHER ÜBERBLICK

Als Giovanni da Verrazzano seinen Fuß auf Staten Island setzte, ließ er sich sicherlich nicht träumen, daß sich an der von ihm entdeckten Bucht einmal die mächtigste Stadt der Welt erheben würde. Das geschah im Jahre 1524, genau 32 Jahre nach Kolumbus' erster Amerikareise. Heute überspannt eine Brücke mit seinem Namen (hier nur mit einem »z« geschrieben!) die New York Bay.

Nieuw Amsterdam

Die Holländisch-Ostindische Kompanie schickte 1609 den englischen Seefahrer Henry Hudson auf die Suche nach einer Westpassage nach Indien. Die fand er zwar nicht, aber er segelte den in die Bay mündenden breiten Fluß hinauf (der später nach ihm benannt wurde) und entdeckte dabei das hübsche, fruchtbare Hudson Valley. Seine Rückkehr nach Holland mit einer Fülle von Pelzen, Früchten und Tabak erregte erhebliches Aufsehen. Eine Gruppe von Kaufleuten gründete sogleich eine Gesellschaft, um sich das Handelsmonopol für dieses Gebiet zu sichern. 1621 erhielt dann die Niederländisch-Westindische Kompanie das Privileg des Handels, der Gründung von Kolonien und deren Verteidigung in Nord- und Südamerika. Unter der Schirmherrschaft der Gesellschaft trafen 1624 die ersten Siedler ein und vertrieben die Franzosen, die nur einige Stunden früher an der Hudson-Mündung eingetroffen waren. Im folgenden Frühjahr errichteten sie an der Südspitze der Insel Manhattan eine kleine Stadt, die sie Nieuw Amsterdam nannten.

Die Niederländer konnten Manhattan, das sie den Indianern zum Spottpreis von $24 abgehandelt hatten, 40 Jahre

Washington Arch – Eingangstor zur flotten, modebewußten Welt von Greenwich Village.

lang halten. Unter Führung der Gouverneure Peter Minuit und Peter Stuyvesant erhielt die Stadt zwar ein holländisches Gepräge, doch sie war von Anfang an das kosmopolitischste Zentrum der Neuen Welt.

Außerhalb von Manhattan waren indessen weitere Siedlungen entstanden: in der heutigen Bronx (gegründet von Jonas Bronck, einem Dänen), im Flushing-Gebiet von Queens und in Brooklyn. Zudem klopften die Briten, die alle Kolonien rund um New York innehatten, immer energischer an die Tür.

Die niederländischen Siedler konnten oder wollten keinen Widerstand leisten, und so ergaben sie sich am 8. September 1664 den Truppen des Herzogs von York. Nieuw Amsterdam wurde in New York umgetauft. 1673 eroberten die Holländer für kurze Zeit die Stadt zurück (die sie in Nieuw Oranje umbenannten), doch im Westminster-Vertrag des folgenden Jahres wurden Manhattan und die Neuen Niederlande endgültig den Briten zugesprochen. Unter dem Druck der Öffentlichkeit ließ der britische Gouverneur 1683 die Wahl eines provinziellen Abgeordnetenhauses zu, das die Kolonie in zwölf Kreise (counties) unterteilte.

Im 18.Jh. zählte New York bereits 25 000 Einwohner. Man baute ein Rathaus und mehrere stattliche Gotteshäuser, und King's College und die erste Zeitung der Stadt wurden ins Leben gerufen. Viele Kaufleute waren »clever« genug, ein Vermögen zu machen. Doch die Bürger verdroß mehr und mehr die Kontrolle der Briten. Wie andere Kolonien spaltete sich New York in »Königstreue« und »Patrioten«, die für die Unabhängigkeit eintraten. Am 27. Juni 1775 zog die halbe Stadt aus, um Washington bei seiner Abreise zur Übernahme der Revolutionsarmee in Boston zuzujubeln, während die andere Hälfte unten am Hafen den gerade aus London zurückkehrenden britischen Gouverneur einen rauschenden Empfang bereitete. New Yorker waren eben schon damals »andere« Amerikaner.

Die neue Republik

Nach einer Reihe von Schlachten rund um New York, ihr letztes Bollwerk, gaben die Engländer 1783 schließlich auf und erkannten die Unabhängigkeit der amerikanischen Kolonien an. Washington kehrte im Triumphzug nach New York zurück und nahm in der Frauces Tavern (siehe S. 37) Abschied von seinen Truppen. Sein nächster Aufenthalt in New York war wieder von historischer Bedeutung: er legte auf dem Balkon der Federal Hall den Amtseid als erster Präsident der neuen Vereinigten Staaten von Amerika ab. New York war zu jener Zeit die Hauptstadt des Landes.

Im frühen 19.Jh. hatte New York in kultureller Sicht bereits mehr aufzuweisen als jede andere amerikanische Stadt. Außerdem entwickelte es sich, obwohl die Regierung 1790 nach Philadelphia umgezogen war, zum Hafen- und Handelszentrum des Landes. Und es gab schon dieselben Probleme wie heute: Wohnungsmangel, zu wenig Polizei und Feuerwehr, ungenügende Wasserversorgung und unzulängliche öffentliche Verkehrsmittel.

Schließlich beschloß die Stadtverwaltung im Jahre 1811 die Regulierung der weiteren Ausdehnung von New York: Alle neuen Straßen sollten sich fürderhin rechtwinklig kreuzen, wobei die breiteren Avenuen von Norden nach Süden und die schmaleren Straßen von Osten nach Westen zu verlaufen hätten. Dem Vorschlag wurde umgehend zugestimmt – und so haben Sie jetzt Manhattan.

Stadt im Aufschwung

Im Dezember 1835 zerstörte eine Feuersbrunst den Kern des Geschäftsviertels, darunter auch alles, was noch aus holländischer Zeit stammte. Doch die Stadt erholte sich erstaunlich schnell. Alte Stadtbezirke wurden schon bald wiederaufgebaut – mit Hilfe der neuen, geldschweren Banken, die ihre Gebäude in der Wall Street errichteten. In Uptown wurde ebenfalls rege gebaut: 1853 entstand der Crystal Palace der ersten amerikanischen Weltausstellung, und fünf Jahre später begann man mit den Arbeiten zum Central Park und der St. Patrick's Cathedral. Trotz des neuerlichen Wohlstands war dies aber auch eine sehr turbulente Epoche für New York. Tumulte, Demonstrationen und Straßenschlachten waren an der Tagesordnung.

Mit dem Bürgerkrieg kam das Wachstum der Stadt vorübergehend zum Stillstand. Die New Yorker engagierten sich nicht sonderlich für die Sache der Union, und die Wehrpflicht stieß vor allem bei der eingewanderten Arbeiterklasse auf heftigen Widerstand. Im Juli 1863 kam es zu einem dreitägigen Aufruhr, der mit mehr als 500 Todesopfern endete.

GESCHICHTLICHER ÜBERBLICK

Nach dem Krieg setzte sich der Boom unvermindert bis zum Ende des Jahrhunderts fort. Seine Begleiterscheinungen waren noch nie dagewesene Korruption und wilde Bodenspekulation. Die Finanziers Jay Gold und Jim Fisk nahmen den Goldmarkt in Beschlag und ruinierten am »Schwarzen Freitag« im September 1869 die halbe Wall Street, und »Boss« Tweed von der Polit-Organisation Tammany Hall erleichterte den Stadtsäckel um rund 200 Millionen Dollar. Die Vanderbilts bauten Eisenbahnen, und die Morgans, die Bankmagnaten, legten legendäre Kunstsammlungen an. Zu dieser Zeit wurden auch das Metropolitan Museum of Art, das American Museum of Natural History und die öffentlichen Bibliotheken gegründet.

Massenzustrom

Während der zweiten Hälfte des 19.Jh. strömten immer mehr Einwanderer nach New York. Sie kamen nicht nur, wie vorher schon, aus Irland und Deutschland, sondern jetzt auch aus Italien, Rußland, Polen und Ungarn. Zwischen 1885 und 1895 landeten über zwei Millionen Neuankömmlinge in New York, wo sie (ab 1886) die neueingeweihte Statue of Liberty (siehe S. 72) willkommen hieß. Erstmals verhängte der Kongreß einen Einwanderungsstop, insbesondere für Chinesen, Kranke, Irre und Anarchisten.

Ein großes Problem war die menschenwürdige Unterbringung der ständig steigenden Arbeitermassen. Man startete zwar ein subventioniertes Wohnbauprogramm, aber das war nur ein Tropfen auf den heißen Stein. Der neue Mittelstand zog in die Bezirke von West Side am Central Park, und die »El« *(elevated train)* oder Hochbahn wurde als Verbindung dorthin erbaut. 1870 wurde der Bau einer Brücke zwischen New York und Brooklyn, das damals eine selbständige Stadt war, in Angriff genommen. Und seit Erfindung des Fahrstuhls erstanden die ersten »Wolkenkratzer« – von acht oder zehn Etagen. Auch Kaufhäuser waren im Kommen.

Im Jahre 1898 fusionierten New York (von nun an unter dem Namen Manhattan bekannt), Brooklyn, Queens, Bronx und Staten Island zu Greater New York mit einer Einwohnerzahl von über drei Millionen. Die frühen Jahre des 20.Jh. sahen dann die ersten echten Wolkenkratzer: das Flatiron (»Bügeleisen«)

GESCHICHTLICHER ÜBERBLICK

Building (1902) erreichte mit seinen 21 Stockwerken immerhin stolze 87 m Höhe. 1904 wurde die erste U-Bahn-Strecke *(subway)* in Betrieb genommen. Nach dem Ersten Weltkrieg siedelten sich die exklusiven Geschäfte und moderneren Warenhäuser an der Fifth Avenue nördlich der 34th Street an – und New York hatte bereits seinen »Verkehrssalat« zu verdauen.

Theater, Baseball und Jazz zogen in den 20er Jahren die Massen an. Und das tat auch der Flieger Charles Lindbergh, dem man 1927 als wahren Helden empfing, nachdem er im Alleinflug den Atlantik überquert hatte; dabei rieselten rund 300 Tonnen Konfetti auf New Yorks Straßen hinunter.

Der »Business Boom« nahm im Oktober 1929 mit dem katastrophalen Börsenkrach sein plötzliches Ende. 1934 setzte sich ein dynamischer Bürgermeister für Wohlfahrtsmaßnahmen und bürgerliche Reformen ein. Er ließ einen Großteil der Lower East Side wiedererbauen, doch Harlem wurde dabei »ausgespart«, und so wurde dieser Stadtteil das übervölkerte Wohnviertel nicht nur für Schwarze, sondern auch für Puertorikaner, die mit der letzten Einwanderer-Welle eintrafen.

Die Weltstadt

Als die Vereinten Nationen sich nach dem Zweiten Weltkrieg entschieden, ihr Hauptquartier in New York aufzuschlagen, begann die Stadt selbst, sich »World City« zu nennen – ein Beiname, der durchaus nicht unangemessen ist, wenn man bedenkt, daß hier 1624 die ersten Siedler an Land gingen und New York stets mehr als weltbürgerlich gewesen ist. Bezirke ändern sich schlagartig irgendwo an einer Straßenkreuzung. Dialekte, Sprachen, Trachten und Küchen findet man in einer unendlichen Fülle. Hier werden noch verschiedene fremdsprachige Zeitungen veröffentlicht, da jede Gemeinde ihre Eigenständigkeit zu bewahren sucht, und jede ethnische Gruppe hat ihren ureigensten Grund, über die Fifth Avenue zu paradieren. Und trotz der gelegentlichen Schwankungen auf den Finanzmärkten der Welt bleibt New York ein Symbol für Stabilität in seiner Vielfalt – und die Möglichkeit, Geld zu machen.

Umseitig: Vogelschau vom Empire State Building auf Manhattans Betonschluchten hinab.

SEHENSWÜRDIGKEITEN

New York besteht natürlich nicht nur aus Manhattan. Die Bezirke Brooklyn, Queens, Staten Island und Bronx sind wichtige Elemente im Leben der Stadt. Doch der Tourist, dessen Zeit meist begrenzt ist, möchte verständlicherweise das Sehenswerteste »mitnehmen« – und das findet man eben in Manhattan, auf der fast 22 km langen und über 3 km breiten Insel, die das Herzstück der Metropole bildet.

MIDTOWN

Hier, im Zentrum von Manhattan, liegen die meisten Hotels. Wenn Sie in einem davon abgestiegen sind, können Sie die Umgebung leicht zu Fuß erkunden.

Und so beginnt die langsamste, erschwinglichste und romantischste Tour im Central Park.

Rockefeller Center

Die 14 ursprünglichen Gebäude dieses berühmten Midtown-Komplexes bedecken ein Gelände von beinahe 5 ha zwischen der Fifth Avenue und der Avenue of the Americas (Sixth Avenue) von der West 48th bis zur 51st Street. Heute umfaßt das Rockefeller Center hingegen mehr als 10 ha – wenn man die Wolkenkratzer an der Westseite der Avenue of Americas von der West 47th Street an einbezieht.

Als die Columbia University 1811 das Gelände erwarb, bestand es aus Ackerland und einem botanischen Garten. Gegen Ende des 19.Jh. kam das Viertel in Mode, und stattliche Wohnsitze wurden errichtet. Während der Prohibition machten sich hier dann »speakeasies« (Geheimkneipen) breit, und Columbia bekam Schwierigkeiten, Mieter zu finden. 1928 ersuchte John D. Rockefeller die Universität um die

SEHENSWÜRDIGKEITEN

Pacht des Geländes für den Bau eines neuen Geschäftszentrums (1931–1940). Heute beherbergt das Rockefeller Center multinationale Firmen, Tausende von Besuchern und Käufern kommen täglich hierher. Es ist aus New York – und Amerika – nicht mehr wegzudenken, und als die japanische Mitsubishi-Gruppe den Komplex aufkaufte, ging ein gewaltiges Raunen durchs ganze Land.

Von der Fifth Avenue aus gelangt man ins Rockefeller Center durch die **Channel Gardens**, eine Fußgängerallee mit Brunnen und Blumenbeeten, und wie ihr Name schon sagt, bilden sie eine Bresche zwischen der Maison Française und dem British Empire Building. Schließlich gelangt man zur **Lower Plaza**, einem Platz, der im Sommer als Restaurantterrasse (mit Sonnenschirmen) und im Winter als Eislaufbahn dient. Eine vergoldete Prome-

theus-Statue »überwacht« den Platz und wird dabei vom Hauptturm des Centers, dem RCA Building, unterstützt.

Auf der (werktags geöffneten) Promenade laufen Videos zu Geschichte, Kunst, Design und Gebäuden des Centers. Im 65. Stock des **RCA Building** (jetzt General Electric Building) darf man sich auch in den Rainbow Room wagen – den Art-deco-Supper-Club mit einmaligen Ausblicken auf die Stadt. Mehrere Etagen im RCA Building sind von NBC besetzt, der Radio- und Fernsehgesellschaft. Ein faszinierender Rundgang hinter den Kulissen der Senderstudios beginnt am Rockerfeller Plaza 30 (Montag bis Samstag 9.30 oder 10 bis 16 Uhr oder 16.30 Uhr); kein Zutritt für Kinder unter sechs Jahre.

SICH ZURECHTFINDEN? – »NO PROBLEM«

Es ist praktisch unmöglich, sich in Manhattan zu verlaufen: es ist nach einem sehr einfachen Grundriß angelegt. Das »Rückgrat« bildet die Fifth Avenue; das gesamte Gebiet westlich davon bis zum Hudson River heißt *West Side*, während *East Side* die Gegend zwischen Fifth Avenue und dem East River umfaßt. Ihren Anfang nimmt die Fifth Avenue am Washington Square in Greenwich Village.

»16 West 53rd Street« z.B. ist die Adresse eines Gebäudes an der 53. Straße gleich westlich der Fifth Avenue (der Trennungslinie zwischen *East* und *West*). Sie werden auch Leute sagen hören: »That's three blocks away« – das ist drei Blöcke entfernt. (Ein Block ist ein von Straßen und/oder Avenuen umgebenes Geviert von Gebäuden.) Und es ist durchaus gewöhnlich, eine Adresse mit der Stelle anzugeben, an der zwei Verkehrswege aufeinandertreffen: »Fifth Avenue at 74th Street« oder – wenn die Wörter »Avenue« oder »Street« weggelassen werden – »at 60th and Lexington«.

Abgesehen von der Gegend um Wall Street und Greenwich Village, wo die Straßen Namen tragen und noch den in Kolonialtagen angelegten Trassen folgen, kreuzen sich alle Wege rechtwinklig und sind ausnahmslos numeriert. Avenuen (First bis Twelfth) verlaufen von Norden nach Süden, Straßen (1st bis 220th) von Osten nach Westen. Einige der Avenuen haben anstelle der Nummern auch Namen. Broadway ist die einzige Avenue, die aus der schnurgeraden Reihe tanzt.

Unter *Downtown* ist Manhattan südlich der 34th Street zu verstehen. *Midtown* spricht für sich selbst. *Uptown* ist das Gebiet nördlich der 59th Street.

Für Amerikaner zählt das Erdgeschoß übrigens als 1. Etage, und es gibt nur wenige Gebäude mit einem 13. Stockwerk...

SEHENSWÜRDIGKEITEN

Radio City Music Hall (übliche Führungszeiten: Montag bis Samstag 10.15–16.45 Uhr, Sonntag 11.15–16.45 Uhr) an der Avenue of the Americas und West 50th Street ist mit über 6000 Sitzplätzen das größte Kino- und Revuetheater der Welt. Radio City hält etliche Rekorde: die gewaltigste Wurlitzer-Orgel auf Erden, gigantische Kronleuchter, eine dreistufige Drehbühne, unten Foyers und Salons in äußerst pompösem Art-deco-Stil der 30er Jahre. Informationen unter Tel. 632-4041.

Beim Verlassen der Radio City haben Sie einen grandiosen Blick auf die attraktivste moderne Wolkenkratzer-Gruppe in New York. Nach Norden hin, auf der gegenüberliegenden Seite der Avenue of the Americas, erhebt sich Burlington House (zwischen West 54th und 55th Street), dann das New York Hilton (zwischen West 53rd und 54th Street), und anschließend folgen, der Reihe nach, die Gebäude von Crédit Lyonnais, Paine Webber, Time & Life (gegenüber von Radio City), Exxon, McGraw-Hill und Celanese.

Für eine Rast an einem heißen Sommertag brauchen Sie nur von Radio City aus die Avenue of the Americas zu überqueren und einen Block die West 50th Street hinunterzubummeln, um den erfrischenden Anblick (zu Ihrer Linken) des Wasserfalls im Exxon-Park zu genießen und einem Mittagskonzert zu lauschen. Wenn Sie durch den Exxon-Park über die West 49th Street hinaus weitergehen, erreichen Sie im McGraw-Hill-Park einen ebenso hübschen Wasserfall (der aus der Klimaanlage des Gebäudes gespeist wird).

Fifth Avenue

Dieser Name ist nicht nur in Amerika, sondern auf der ganzen Welt ein Synonym für Luxus. Zwischen 34th und 50th Street war sie bis gegen 1900 die Wohngegend von Millionären, bevor diese zum Central Park umzuziehen begannen – und Platz für mondäne Geschäfte schufen. Die exklusivsten Läden findet man zwischen 39th und 58th Street: die Kaufhäuser der Wohlstandsgesellschaft wie Saks Fifth Avenue (East 50th Street), Henri Bendel (zwischen West

Im Atrium des Trump Tower ist man vor einem Sonnenstich – und selbst einem Unwetter geschützt.

55th und 56th Street), Bergdorf Goodman (zwischen West 57th und 58th Street), die Juweliere Cartier (East 52nd Street), Tiffany & Co. (East 57th Street) und Van Cleef & Arpels (West 57th Street), die Läden im Trump Tower (East 56th Street), Boutiquen von Top-Couturiers, die berühmten Lederwarengeschäfte – und nicht zuletzt eine Reihe ausgezeichneter Buchhandlungen. Ein wenig weiter unterhalb ist die West 47th Street (zwischen Fifth und Sixth Avenue »Diamond Jewelry Way« genannt) wegen ihrer glitzernden Schaufensterauslagen durchaus einen Umweg wert.

Die **St. Patrick's Cathedral** (zwischen East 50th und 51st Street), deren Bau (1858–1874) dem gotischen Kölner Dom nachempfunden wurde, steht heute ein wenig verloren da zwischen den Wolkenkratzern des Rockefeller Center und dem Olympic Tower nebenan. Doch zu Ehren kommt die Kirche, Sitz der Erzdiözese von New York, jedes Jahr am St. Patrick's Day (17. März) anläßlich der irisch-katholischen Parade.

Die **Grand Army Plaza** an der Ecke von Central Park South (West 59th Street) markiert die Trennung zwischen dem Geschäftsviertel der Fifth Avenue und der von Herrschaftssitzen und luxuriösen Apartment-Gebäuden gesäumten Wohngegend. Hier stehen auch die Pferdedroschken für eine Rundfahrt durch den Central Park (siehe S. 54). Außerdem sehen Sie an dieser Stelle zwei der elegantesten New Yorker Hotels, das »Plaza« und das »Pierre« (East 61st Street). Gegenüber der Plaza, ein wenig abseits der Avenue, ragt das moderne Wolkenkratzer-Hauptquartier von General Motors auf.

Schauen Sie sich auch die Reihe von Wolkenkratzern längs der Madison Avenue, einen Block östlich der Fifth Avenue, an – vor allem das IBM Building an der East 56th Street, das an den **Trump Tower** an der Fifth Avenue anschließt. Nebenan beherbergt die Weltzentrale der gleichnamigen Firma in ihrem **AT&T InfoQuest Center** ein auf Telekommunikations-Technologien ausgerichtetes Museum. Der 57stöckige Turm des Helmsley Palace Hotels (Madison zwischen East 50th und 51st Street) bezieht ein seit 1885 bestehendes New Yorker Wahrzeichen ein, die im Neorenaissance-Stil erbauten **Villard Houses**.

Times Square und Broadway

Wo abends an der Kreuzung Broadway und Seventh Avenue die grellbunten Lichter aufleuchten, da ist **Times Square**; er erstreckt sich von der Nordseite der West 42nd Street bis zum Duffy Square an der West 47th Street hinauf. Benannt wurde er nach der *New York Times*, die hier 1904 ihren Betrieb aufnahm. Times Square ist mit Uraufführungskinos, Schauspielhäusern, Restaurants, Nachtklubs, Hotels und Geschäften das Herz des Theatre District. Doch die Gegend weist auch einige der widerlichsten Strip-Klubs und Sex-Shops auf.

Jeder hat bereits Bilder des aus mehr als 12 000 Glühbirnen bestehenden Leuchtschriftbands am **One Times Square** gesehen. Und am 31. Dezember verkündet um 24 Uhr eine auf dem Dach des Gebäudes an einer Stange niederschwebende Lichtkugel die Ankunft des neuen Jahres.

Die Verkörperung des New Yorker Theaters ist der **Broadway**. Die aufwendigsten Shows der Stadt (zu schwindelerregenden Preisen) laufen in einer Handvoll von Sälen am Broadway selbst, wie etwa im Winter Garden (Broadway 1634), doch die meisten »On Broadway«-Stücke werden in den Theatern in den Nebenstraßen zwischen 44th und 53rd Street und im Lincoln Center aufgeführt. **Off-Broadway**-Häuser mit 100 bis 499 Sitzen und **Off-Off-Broadway**-Zuschauerräume mit weniger als 100 Plätzen sind billiger (siehe auch THEATER, S. 84).

Musical-Geschichte wird seit den 90er Jahren des vorigen Jahrhunderts in der **Carnegie Hall** (Seventh Avenue und West 57th Street) geschrieben, in der dienstags und donnerstags Führungen hinter die Kulissen stattfinden.

42nd Street

Westlich vom Times Square ist die 42nd Street als »Sündenstraße« bekannt. Doch die Gegend wird saniert und drastisch »auf Vordermann« gebracht, Horror-und-Porno-Kinos müssen amtlich begnadigtem Theater weichen. Nach Osten hin ist die 42nd hingegen seit jeher eine der faszinierendsten Straßen der Midtown-Gegend gewesen, der Ort für die Erstellung von richtungsweisenden Bauten: hier finden Sie einige der größten Erfolge in der Geschichte amerikanischer Architektur.

An West 42nd Street und Sixth Avenue erheben sich zwei stattliche Wolkenkratzer, die beide 1974 vollendet wurden: das **New York Telephone Company Building** an der Ecke – ganz aus weißem Marmor und schwarzem Glas – und das **W. R. Grace Building** zwischen der Fifth und Sixth Avenue mit seiner eindrucksvollen, leicht konkaven Silhouette.

An der Stelle von Bryant Park stand einst der Kristallpalast, der für die Weltausstellung von 1853 errichtet und sechs Jahre später durch einen Brand zerstört wurde. Der bei Dunkelheit besser zu meidende Park liegt neben der **New York Public Library.** Dieses Monument im amerikanischen Beaux-Arts- (neoklassizistischen) Stil öffnete seine Pforten 1911; sein Portal wird von zwei vielfotografierten steinernen Löwen bewacht. Als eine der größten Bibliotheken der Welt besitzt die Library mehrere Millionen Bücher und beinahe ebenso viele Handschriften. Eine Anzahl von seltenen Werken wird in Wechselausstellungen in der Gottesman Hall gezeigt; der Eintritt ist frei, Sonntag und an Feiertagen geschlossen.

Weiter nach Osten die 42nd Street entlang versperrt die **Grand Central Station,** eine gewaltige, 1913 fertiggestellte Baumasse, den Blick auf die Park Avenue. Im Innern dieses Bahnhofs verlaufen 66 Gleise auf der oberen und 57 auf der unteren Ebene. In der Bahnhofshalle, einer der größten der Welt, wimmelt es jeden Nachmittag zwischen 16 und 17.30 Uhr von Hunderttausenden von Vorort-Pendlern. Sie steht jetzt als weiteres Beispiel amerikanischen Beaux-Arts-Stils unter Denkmalschutz. Ein Netz von unterirdischen Passagen voller Läden und mit verschiedenen Restaurants, darunter das ehrwürdige Oyster Bar & Restaurant, eine New York Institution, verbindet Grand Central mit nahegelegenen Hotels, Bürobauten und der Subway.

Gleich hinter dem Bahnhof liegt das Pan Am Building, der Hauptsitz der Fluggesellschaft, in dem mehr als 20 000 Menschen arbeiten. Wenn man die Park Avenue überschreitet, ist leicht die achteckige Struktur der 59-Etagen-Gebäudes auszumachen – selbst von weitem. Fahrstühle führen direkt zur Grand Central Station hinunter.

Im kosmopolitschen New York ist selbst Schach ein Freiluftsport.

Zu den Wahrzeichen an der Park Avenue nördlich vom Grand Central und dem Pan Am Building zählen das **Waldorf-Astoria** Hotel (zur Rechten zwischen East 49th und 50th Street) und das **Seagram Building** aus Bronze und Glas (zwischen East 52nd und 53rd Street), ein richtungweisender Bau von Mies van der Rohe und Philip Johnson aus dem Jahre 1958.

»Gleich um die Ecke« bringt das **Citicorp Center** (East 53rd Street zwischen Lexington und Third Avenue) mit seinem sehr schrägen silbrigen Dach einen außergewöhnlichen Aspekt in die Skyline der Stadt. Im Erdgeschoß gibt es einen lebhaften dreistöckigen »Markt« mit Läden und Restaurants rund um einen Innenhof mit natürlich einfallendem Licht und der freistehenden vieleckigen **St. Peter's Church**.

Wieder an der East 42nd Street zurück, können Sie das **Chrysler Building** bestaunen. Nach seiner Fertigstellung im Jahre 1930 war es das höchste Gebäude der Welt, doch schon nach einigen Monaten wurde es vom Empire State Building überrundet. Doch Chrysler ist wenigstens ein wahrer Autotempel: Die Spitze ist wie die Kühlerfigur des 1929er-Modells geformt, und die Fassade ist mit Automobil-Motiven übersät.

An der Ecke der Second Avenue steht das im Art-deco-Stil erbaute **News Building,** Heimstatt der Daily News, eines bahnbrechenden Massen-Boulevardblatts. Einen gewaltigen Teil der Empfangshalle nimmt ein enormer, sich drehender Globus ein.

Weiter auf Ihrem Weg kommen Sie zwischen First und Second Avenue an den Büros der Ford Foundation vorbei: der innere **Garten** (werktags 9–17 Uhr geöffnet) ist ein Prachtstück.

Die Vereinten Nationen

John D. Rockefeller, Jr., stiftete das 7 ha umfassende Grundstück, um die UN-Mitglieder zu bewegen, ihr Hauptquartier in New York aufzuschlagen. Ein Team von 11 Architekten, darunter der Amerikaner Wallace K. Harrison, der Schweizer Le Corbusier und der Brasilianer Oscar Niemeyer, entwarf die Bauten, die Anfang der 50er

Süßes Nichtstun auf den Stufen der New York Public Library; im Innern kann man sich in mehr als 5 Millionen Bücher vergraben.

SEHENSWÜRDIGKEITEN

William Van Alen entwarf das Chrysler Building als ein angemessenes Monument für die Leistungen des Autoherstellers gleichen Namens. Es sollte das höchste Bürogebäude auf Erden werden. Doch während des Baus bekam es bereits vom Bank of the Manhattan Co. Building Konkurrenz, dessen Flaggenmast obenauf das Chrysler Building um etwas mehr als einen halben Meter überragte. Van Alen gab sich jedoch nicht geschlagen und fügte einen Turm hinzu, mit dem das Chrysler Building nach seiner Vollendung 1930 beinahe 319 m maß. Doch nach diesem Gerangel stand das Gebäude nur einige Monate im Buch der Rekorde – schon ein Jahr später wurde es vom Empire State Building übertroffen.

Jahre fertiggestellt wurden. Zu dem Komplex gehören auch die **Dag Hammerskjöld Library** (zu Ehren des ehemaligen Generalsekretärs benannt) und das **Konferenzgebäude.** Von der Flußseite (oder von Queens) her bietet die Gebäudegruppe übrigens einen weit imposanteren Anblick als von der First Avenue aus.

Im Sekretariatsbau sind nur ein paar Räume öffentlich zugänglich, aber an den Sitzungen der Vollversammlung kann man gewöhnlich teilnehmen. Karten sind am Informationsschalter in der Lobby (East 46th Street und First Avenue) erhältlich. Hier ist auch der Ausgangspunkt für die **Führungen** (täglich 9.15-16.45 Uhr, Januar bis Februar werktags gleiche Zeiten). Auf der einstündigen Tour bekommt man Einblick in die Arbeit der Vereinten Nationen, und die meisten Mitgliedstaaten haben Kunstwerke zur Schenkung gemacht, die man im Konferenzgebäude besichtigen kann.

Vom **Delegates' Dining Room,** dem Restaurant der UN-Delegierten, in dem aber auch Besucher (Paß oder anderen Ausweis nicht vergessen) werktags einen frühen Lunch einnehmen können, hat man einen herrlichen Ausblick über den East River. (Doch man sollte rechtzeitig einen Tisch am Informationsschalter in der Empfangshalle reservieren.) Weniger förmlich ist der Coffee Shop in der zentralen Halle im Untergeschoß. In einem Laden mit Kunstgewerbe aus aller Welt findet man originelle und preiswerte Mitbringsel.

Empire State Building

Es ist zwar nicht mehr das höchste Gebäude der Welt, und die Amerikaner neigen zur Übertreibung, wenn sie es »Himmelskathedrale« oder »Achtes Weltwunder« nennen, aber einen näheren Blick ist es schon wert – sofern es nicht gerade nebelig ist. An Fifth Avenue und West 34th Street gelegen, ist das Empire State Building täglich von 9.30 Uhr bis Mitternacht für Besucher geöffnet. Alles an diesem Gebäude ist gigantisch: 102 Stockwerke, 60 000 t Stahl, 5600 km Telefonleitungen und Kabel, 95 km Rohrleitungen, beinahe 1 000 000 m³ Rauminhalt, 1860 Stufen und – last but not least – eine Höhe von 443 m, Fernsehturm und Antenne inbegriffen.

Um die **Aussichtsplattform** (Observation Deck) zu erreichen, muß man zunächst hinunter ins Untergeschoß. Man ersteht dort ein Ticket und stellt sich an. Aber man kann sich auch vorher in der Nähe der Kasse die **Guinness World of Records** anschauen.

Ein Schnellift befördert Sie in weniger als einer Minute ins 80. Stockwerk. Daraufhin haben Sie gerade Zeit, Luft zu holen und die Ohren vom Höhendruck zu befreien, bevor Sie ein weiterer Aufzug in die 86. Etage bringt – 320 m über dem Straßenspiegel.

Falls Sie die Warteschlange nicht entmutigt, können Sie einen dritten Fahrstuhl bis hinauf zum Aussichtsdeck in der 102. Etage nehmen. Hier stehen Sie dann zu Füßen des 68 m hohen Kommunikationsturms mit der Antenne, von der Fernseh- und Kurzwellen-Radiosender ihre Programme in das Gebiet der Metropole ausstrahlen.

Wieder auf dem Erdboden zurück, sollten Sie einen Schaufensterbummel durch die Gegend um das Empire State Building machen. Da finden sich einige der beliebtesten New Yorker Läden. Wenn Sie die 34th Street entlang nach Westen gehen, kommen Sie zu Macy's und dem A&S Plaza (siehe EINKAUFSBUMMEL, S. 81). Nicht weit davon gelangt man an Seventh Avenue und West 33rd Street zum berühmten **Madison Square Garden,** in dem Boxkämpfe ausgetragen und verschiedene Unterhaltungsprogramme einschließlich Zirkus veranstaltet werden. Der Garden ist die Heimstatt der New York Knickerbockers (»Knicks«-Basketball) und der Rangers (Hockey), aber er dient auch als Konferenzzentrum. Platz finden darin 20 000 Besucher, und das Felt Forum kann weitere 5000 aufnehmen.

DOWNTOWN
Rund um Wall Street

Der Financial District an der Südspitze von Manhattan ist in mancherlei Hinsicht der eindrucksvollste Teil von New York. Hier ist förmlich der Pulsschlag einer Großmacht zu spüren. Die noch dichter aneinandergerückten Wolkenkratzer wirken noch gewaltiger, und die Straßen bilden buchstäblich Schluchten.

Die Wall Street selbst ist nach der Palisade –einer wirklichen Wand *(wall)* aus Brettern– benannt, die der holländische Gouverneur Peter Stuyvesant zum Schutz gegen die Indianer 1653 hier anlegen ließ. Doch die Siedler eigneten sich immer wieder Planken davon für ihre eigenen Zwecke an.

RUND UM WALL STREET

An der Kreuzung von Wall Street und Nassau Street steht das **Federal Hall National Memorial** (werktags 9–17 Uhr geöffnet). Das 1812 abgerissene ursprüngliche Gebäude war ein Jahr lang Sitz des US-Kongresses. Am 30. April 1789 legte George Washington als erster Präsident der Vereinigten Staaten seinen Amtseid ab.

Das **New York Stock Exchange** gegenüber ist die größte Effektenbörse der Welt und lohnt durchaus einen Besuch. Vom Eingang an der Broad Street 20 her gelangt man auf die Besuchergalerie, die meist zu den üblichen Arbeitszeiten geöffnet ist (werktags 9.15–16 Uhr). Von hier aus kann man auf das »organisierte Chaos« unten im Hauptsaal hinabschauen. Näheres darüber, wie der Börsenbetrieb funktioniert, erfährt man in einer Dauerausstellung und anhand eines Films. Der berühmte Börsentelegraf wird ebenfalls vorgeführt.

Nach der Hektik der Börse darf man an einem der kühlsten Orte in Manhattan »relaxen« – im **Battery Park** am Südzipfel der Insel. Man hat hier eine herrliche Aussicht über die New York Bay. Die runde Festung im Wasser ist **Castle Clinton** (täglich 8.30–17 Uhr geöffnet), die man 1811 erbaute, aber nie zu militärischen Zwecken verwendete, wurde später zu einem Theater umgewandelt und in Castle Garden umbenannt. Mit vollem Pomp empfing man hier 1825 Lafayette. Von 1855 bis 1890 diente Castle Garden als Einwanderungszentrale: 7 Millionen Europäer durchliefen dieses Gebäude; es beherbergt heute ein kleines Museum.

Nach Nordwesten vom Park aus liegt die Südspitze von Battery Park City (siehe S. 39). Das Old Custom House (das neue Zollbüro ist im World Trade Center untergebracht; siehe S. 38) gegenüber vom benachbarten Bowling Green steht an der Stätte eines alten Forts, in dem Peter Minuit den Indianern für $24 (nach dem Geldwert von 1626) Manhattan abgekauft haben soll. Das gegenwärtige Gebäude wurde 1907 errichtet. Die vier Skulpturen am Fundament symbolisieren Asien, Amerika, Europa und Afrika.

Fraunces Tavern an der Ecke von Pearl und Broad Street wurde 1719 als Wohnhaus erbaut und 1763 von Samuel Fraunces zu einer Taverne

Zur Rast von der Hektik des Alltags laden Parks und Plätze ein.

umgestaltet. In deren »Long Room« verabschiedete sich George Washington am 4. Dezember 1783 nach dem gewonnenen Unabhängigkeitskrieg von seinen Offizieren. Das **Fraunces Tavern Museum** (werktags 10–16 Uhr geöffnet) zeigt Exponate zum Revolutionskrieg und zur amerikanischen Geschichte und Kultur des 18.Jh. und veranstaltet Vorträge und Konzerte. Im Erdgeschoß gibt es aber auch noch ein Restaurant.

Nach Überquerung der Water Street hinter der alten Taverne öffnet sich die ansehnlich angelegte Vietnam Veterans Plaza zum East River hin. In der Mitte des Platzes steht das bittere Erinnerungen wachrufende **Vietnam Veterans Memorial,** ein 20 m langer und 5 m hoher Block aus Granit und Glas mit Auszügen aus Briefen und Tagebüchern von US-Soldaten jener Ära – und öffentlichen Meinungen über den Krieg.

Wieder zurück an der Nassau Street kann man hinter der Federal Hall den 1961 erbauten Glas- und Aluminiumturm der **Chase Manhattan Bank** bestaunen. In den 65 Stockwerken dieses Gebäudes arbeiten 15 000 Menschen. Die Plaza davor zieren einige moderne Plastiken des japanischen Bildhauers Isamu Noguchi und des Franzosen Jean Dubuffet.

Trinity Church, die bischöfliche Dreifaltigkeitskirche an der Ecke Broadway und Wall Street, wurde 1846 in neugotischem Stil erbaut; für ihre Bronzetüren nahm man das Baptisterium in Florenz zum Vorbild. Eine Glocke in ihrem 85 m hohen Turm stammt noch aus dem 18.Jh. Auf dem angrenzenden Friedhof sind die Gräber vieler berühmter Amerikaner zu sehen. Die Trinity-Gemeinde gehört übrigens mit großen Grundstücken, die ihr schon seit der Kolonialzeit gehören, zu den reichsten New Yorker Immobilienbesitzern.

Etwas weiter stadteinwärts steht zwischen Broadway und Park Row die zwischen 1803 und 1812 errichtete **City Hall**, das Rathaus; das Gebäude wird heute noch wegen seiner eleganten Architektur bewundert. Neben den Amtsräumen des Mayor of New York, des »Hizzoner«, wie die Boulevardpresse den Bürgermeister nennt, enthält es eine interessante Sammlung von Porträts und Möbeln aus der Frühzeit der USA (werktags 9–18 Uhr geöffnet).

Zu den Zwillingstürmen des **World Trade Center**, des

Welthandelszentrums, gelangt man jederzeit auch ohne Wegweiser – sie sind von überall her in der Stadt auszumachen. Sie sind zwar (nicht ganz) die höchsten Gebäude der Welt, können aber mit eindrucksvollen Zahlen aufwarten: 411 stolze Meter mit 43 600 Fenstern. Jeder Turm hat 23 Schnell-, 72 Normal- und 4 Lastenaufzüge. Der gesamte Komplex bedeckt rund 6,5 ha. Das Center ist mit mehreren U-Bahn-Linien sowie mit der PATH-Hudsontunnelbahn nach New Jersey zu erreichen. Auf Straßenhöhe *(concourse level)* findet man ein weiträumiges Einkaufszentrum und zahlreiche Restaurants.

Selbst bei knapp bemessener Zeit sollte man die **Aussichtsplattform** *(observation deck)* im 107. Stock des Turms Nr. 2 besuchen (täglich 9.30–21.30 Uhr, im Sommer bis 23.30 Uhr geöffnet). Und falls das Wetter günstig ist, kann man noch bis zur höchsten offenen **Freiluftterrasse** der Welt über der 110. Etage hinauffahren: der Ausblick ist grandios. Das berühmte Restaurant »Windows of the World« liegt im 107. Stockwerk von Turm Nr. 1.

Die 30 Millionen Kubikmeter Bauaushub an Erde und Gestein schüttete man gleich neben dem Trade Center einfach in den Hudson River. So wurde eine Fläche von über 9 ha angeschüttet, die jetzt einen Teil von Battery Park City bildet – einem großzügig angelegten Bezirk mit Grünflächen, luxiösen Apartment-Häusern in verschiedenen Höhen und Bürogebäuden. Mittelpunkt dieser »Stadt« ist das überwältigende **World Financial Center,** vier Türme und ein riesiger, von einem Glasdach überwölbter Winter Garden. Läden, Bars, Cafés und Restaurants nehmen die beiden ersten Stockwerke der Gebäude ein, wo auch kostenlose Konzerte und eine Reihe weiterer Veranstaltungen das ganze Jahr über stattfinden.

Bei der »Sanierung« in den 70er und 80er Jahren bekam auch **South Street Seaport**, eine historische Enklave am East River gleich südwestlich der Brooklyn Bridge, ein neues Gesicht. Die Stätte des von 1800 bis 1870 geschäftigsten Hafens umfaßt heute 11 –sowohl alte als auch neue– Gebäudeblöcke voller Cafés und Restaurants, Boutiquen, Kaufhäuser und getrennter

Umseitig: Immer schön locker – auch am Fuße des alles überragenden World Trade Center.

Lebensmittel- und Fischgroßhandlungen. Für Unterhaltung sorgen alte Schiffe, ein Theater, Museumsgalerien, Freiluftkonzerte und »Straßenkünstler«.

Das kulturelle Herz des Bezirks bildet das über mehrere Blöcke verzweigte **South Street Seaport Museum**, das Touren und Besuche von Galerien und Schiffen anbietet. Star unter den alten Seglern ist der Viermastschoner »Peking« aus dem Jahre 1911 am Pier 16. Hier kann man auch zur Hafenrundfahrt auf Nachbildungen der Flußdampfer aus dem 19.Jh. einsteigen.

Lower East Side

Während der großen Einwanderungswellen um die Jahrhundertwende zogen Ströme von Neuankömmlingen zur Lower East Side. Die meisten blieben nur ein paar Jahre hier, bis sie genügend Englisch gelernt, einen Job gefunden und ein wenig Geld angespart hatten, um sich anderswo in den Staaten niederzulassen.

Doch beträchtliche Gruppen von Chinesen, Juden und Italienern hielt es wesentlich länger in ihren eigenen Vierteln. Stark vertreten sind noch die Chinesen, aber auch die Farben, Laute und Düfte der anderen Gemeinden sind weiterhin in diesem Bezirk auszumachen.

Chinatown kann man mit der U-Bahn gar nicht verfehlen: die Canal Street Station ist in lateinischer und chinesischer Schrift beschildert. Die Telefonzellen haben Pagodendächer, in engen Läden findet man Elfenbein- und Jadeschmuck, Gemüsehändler führen Chinakohl, »Wintermelonen« und Zuckererbsen, zahllose Restaurants bieten Spezialitäten aus Kanton, Schanghai und Szetschuan.

Gut über 100 000 Chinesen leben in Chinatown, einer nicht fest umrissenen Gegend um Canal Street, Mott Street und Chatham Square. Die ersten chinesischen Einwanderer kamen während des Goldrausches in Kalifornien und während der Eisenbahnbau-Periode im 19.Jh. ins Land. Die meisten Zuzügler treffen heute unmittelbar aus Hongkong ein. Näheres zur Geschichte und den Stätten dieses Viertels erfährt man auf einem einstündigen Rundgang, den das *New York Chinatown History Project* veranstaltet (Tel. 619-4785).

Fritz Königs glitzernde Riesenkugel auf der World Trade Center Plaza.

Im südlichen Teil von Chinatown münden auf die benachbarten Chatham und Kimlau Squares zehn verschiedene Straßen, der Fahrzeug- und Fußgängerverkehr ist chaotisch, und an der Ecke Bowery (siehe S. 50) und Division Street steht eine Konfuzius-Bronzestatue aus dem Jahre 1983; südlich von den Plätzen gelangt man über den St. James Place hinunter zu New Yorks ältesten »Monumenten«, knapp einem Dutzend verblichenen Grabsteinen des ehemaligen Friedhofs Shearith Israel, der hier 1656 von spanischen und portugiesischen Juden angelegt wurde.

Noch winziger, als sein Name vermuten läßt, ist Little Italy; das Zentrum von »Klein-Italien« bildet die Mulberry Street mit einigen Blöcken nach Nordwesten hin, der südliche Teil geht bereits in Chinatown über. Der italienische Abschnitt ist jetzt vor allem ein gastronomischer Mittelpunkt mit teuren und bescheideneren Restaurants und Espresso-Bars, Feinkostlieferanten und dazwischen verstreut liegenden Souvenir-Shops und hier und da einem Lebensmittelgeschäft mit aus dem Mutterland eingeführten Delikatessen. Die Hauptstraße zeigt sich während des zehntägigen San-Gennaro-Festes im September am belebtesten.

Die Überreste vom alten **Jewish Quarter** (Jüdisches Viertel) liegen an der Nordostseite von Chinatown hinter der Hester Street, die am Ende des 19.Jh. die Stätte des jüdischen Marktes war. Die Hester Street nach Osten hin und dann nördlich die Orchard Street entlang ist noch ein Hauch aus der Blütezeit des hiesigen Geschäftslebens zu spüren – der allerdings recht heftig weht und ahnen läßt, wie hektisch es hier einst zuging. Freitag nachmittags und den ganzen Samstag über bis zum Abend wird der Sabbat eingehalten, aber sonntags klingt es wieder in den Kleiderläden und »Delicatessens« von Akzenten, die aus den jüdischen Dörfern des polnischen Galizien und der Ukraine stammen. Als Imbiß ist hier ein dickes Sandwich mit pastrami (würziges Rauchfleisch) zu einer Tasse Tee mit Zitrone in einem der kosheren Restaurants (mit Milchprodukten) zu empfehlen.

Auch in der Lower East Side kann man sich einen kleinen Garten Eden schaffen.

Greenwich Village, SoHo, TriBeCa und East Village

Unter »Oldtimern« gilt **Greenwich Village** auch nicht mehr als das, was es einmal war. Aber es bleibt eines der sowohl malerischsten als auch zwanglosesten und lebendigsten Viertel von New York. Obwohl es hier von kerzenbeleuchteten Lokalen mit karierten Tischdecken und französisch angehauchten Speisekarten nur so wimmelt, sind noch einige authentische Restaurants und Jazzkeller aus den 20er und 30er Jahren verblieben. Ein wenig von der alten Atmosphäre dieses Künstlerviertels wird auch in den seltsamen Gebrauchtkleider-Läden rund um die Bleecker Street wieder wach. Und bei der *Washington Square Outdoor Art Exhibit*, einer seit 1931 traditionellen Sommerausstellung, zeigen Hunderte von Malern, Bildhauern und Fotografen ihre Werke.

Greenwich Village liegt zwischen der 14th Street im Norden und der Houston Street im Süden, dem Broadway im Osten

Überquellendes Angebot auf einem Straßenmarkt in Chinatown.

und dem Hudson River im Westen. Sein berühmtestes Wahrzeichen ist der **Washington Arch** auf dem Washington Square am Ende der Fifth Avenue.

Washington Square Park – jetzt für seine Drogen-Dealer berüchtigt – bildet das Herz des Campus der New York University. Er ist von Universitätsgebäuden mit Hörsälen und Studentenunterkünften umgeben; in den schmucken alten Häusern an der Nordseite wohnen Professoren. Dahinter verborgen führten einst zwei Privatwege zu den Stallungen der reichen Anwohner des Platzes: die **Washington Mews**, einen Block der Fifth Avenue hinauf zur Rechten, und die **MacDougal Alley**, nur ein paar Schritte vom nordwestlichen Ende des Squares die MacDougal Street aufwärts.

Von den schmalen Straßen nach Westen und Süden hin lohnt keine einen Besuch. Man geht besser die 8th Street Richtung Westen über die Avenue of the Americas hinaus zur Christopher Street und in eine bezaubernde Wohngegend mit kleinen baumbestandenen Straßen und *»brownstones«*, Häusern aus Backstein oder rötlich-braunem Sandstein, zu deren Eingangspforte jeweils

SEHENSWÜRDIGKEITEN

eine Treppenflucht hinaufführt. Einige der besten Antiquitätenhändler des Village und verschiedene gute Restaurants sind hier angesiedelt.

Südöstlich davon bildet die Bleecker Street mit ihren hübschen Kunstgewerbe- und Kuriositätenläden, Cafés und kleinen Restaurants die Haupteinkaufszeile der Gegend. Und durchs Village sollte man wenigstens zwei Streifzüge machen: einen bei Tage wegen der Sehenswürdigkeiten und einen am Abend, um die besondere Atmosphäre zu erleben, irgendwo zu essen und sich ein wenig Jazz anzuhören.

SoHo (Abkürzung für South of Houston Street) ist das Viertel zwischen Houston Street, Broadway, Canal Street und dem Fluß. Mit seinen nicht gerade billigen Cafés, Restaurants, Kunstgalerien und Boutiquen mit Mode vom letzten Schrei ist es zum schicken südlichen Nachbarn des Village geworden. Und das Village ist auch seine historische Antriebsfeder.

Künstler, die sich infolge der »Vermarktung« des Village die Mieten nicht mehr leisten konnten, zogen nach Süden in die verlassenen Dachgeschosse und Lagerhäuser des Industriegebiets von SoHo. Die erfolgreichsten unter ihnen leisteten sich den Einbau von Küchen, Bädern und komfortablen Innenausstattungen, andere mußten sich mit nackten Wänden und Böden abfinden. Doch der Erfolg der Avantgarde-Galerien am West Broadway, vor allem Nr. 420, wo die Pfeiler der Pop-Art-Bewegung, wie Andy Warhol, Robert Rauschenberg und Roy Lichtenstein ihre Pfründe fanden, ließ auch dort die Mieten in die Höhe schnellen. Daraufhin machten sich hier Innenarchitekten und Galeriebesitzer breit und verwandelten die Räumlichkeiten in teure Eigentumswohnungen und Geschäftslokale. Der Geldadel hielt Einzug, und die Künstler zogen aus.

Viele von ihnen gingen weiter südwestlich in die schäbigen Lagerhäuser des Viertels **TriBeCa** (Triangle Below Canal Street). Doch in nahezu unmittelbarer Nähe vom modernen Financial District des World Trade Center und der Battery Park City mit ihrem Geglitzer und Wohlstand stieg auch TriBeCa zu einer bevorzugten Gegend auf, und Kunstgalerien, modische Restaurants und Boutiquen schossen »zwangsweise« aus dem Boden.

Das **East Village** erstreckt sich vom Broadway nach Osten

EAST VILLAGE

zur First Avenue und darüber hinaus. Es ist weitaus weniger wohlhabend als »big brother« im Westen, kann aber immerhin mit einer Reihe von Avantgarde-Galerien, »New wave«-Bekleidungsläden, Nachtlokalen und kleinen ethnischen Spezialitäten-Restaurants aufwarten: Puristen behaupten, dies sei das »echte« Village... in dem man in abgelegeneren Straßen durch gardinenlose Fenster einen Blick auf die Entstehung eines Gemäldes oder einer Skulptur werfen kann.

Vom Broadway aus führt der stummelartige, aber weiträumige **Astor Place** weiter zum Cooper Square und St. Mark's Place. An der Lafayette Street gleich südlich vom Cooper Square steht das Gebäude, das einst die erste öffentliche Bibliothek beherbergte. Heute ist es der Sitz des **Public Theater**, eines Vielzweck-Zuschauerkomplexes und Heimstatt des New York Shakespeare Festivals. Die traditionellen und avantgardistischen Theater- und Filmaufführungen sind alle von hoher Qualität, und manche Stücke, die hier versuchsweise anlaufen, erweisen sich am Broadway als Dauerbrenner.

Gegenüber vom Theater sieht man die Reste einer Gruppe

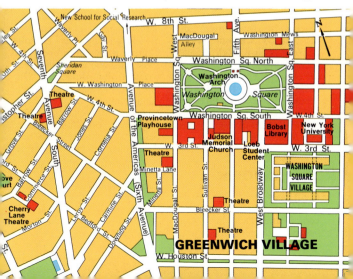

klassizistischer Häuser mit Marmorsäulen, die **Colonnade Row**. Mitte des 19.Jh. war dies die feinste Adresse der Stadt.

Einige Blöcke weiter südlich über die Great Jones Street in östlicher Richtung kommt man zur **Bowery**, einer im 17.Jh. von Peter Stuyvesant angelegten Straße zu seiner Farm (*bouwerij* auf holländisch). Im 19.Jh. war sie mit ihren Tanzdielen und Bierstuben der »Grand Boulevard« von New York. Heute beherrschen überwiegend schmutzige Absteigen und Betrunkene das Straßenbild. Es gibt trotz allem ein paar gute Rock- und Jazzlokale, und auch Theater haben sich eingerichtet.

Und zum Schluß noch eine Kirche in Downtown: die **St. Mark's Church in-the-Bowery** (East 10th Street/ Second Avenue) an der Stelle der einstigen Kapelle der Stuyvesant-Familie; diese einladende Kirche aus dem Jahre 1799 verfügt über bemerkenswerte Buntglasfenster – und eine rege Gemeinde.

UPTOWN

Die Upper West Side ist das Gebiet Manhattans westlich vom Central Park. Sie ist ein buntes und munteres Viertel und der Teil der Stadt, der den größten Erfolg in der Rassenintegration vorweisen kann. Künstler und Intellektuelle aller Schattierungen leben hier Seite an Seite mit Ladenbesitzern und Busfahrern verschiedenster nationaler und ethnischer Herkunft. Doch in und um Columbus Avenue zwischen Lincoln Center und West 79th Street haben sich auch schicke Geschäfte, Boutiquen, Restaurants, Kunstgalerien und Antiquitätenläden in den alten Unternehmen des Bezirks eingerichtet.

Lincoln Center

Auslösendes Moment der Wiederbelebung dieser Gegend war die Errichtung des Lincoln Center for the Performing Arts zwischen 62nd und 66th Street westlich des Broadway. Die Initiative zum Bau eines großen Kulturzentrums zur Unterbringung der Metropolitan Opera, der New York Philharmonic, des New York City Ballet und der Juilliard School of Music

Die Einkaufsmöglichkeiten reichen von den luxuriösen Kaufhäusern in der Fifth Avenue bis zum Andenkenladen in SoHo.

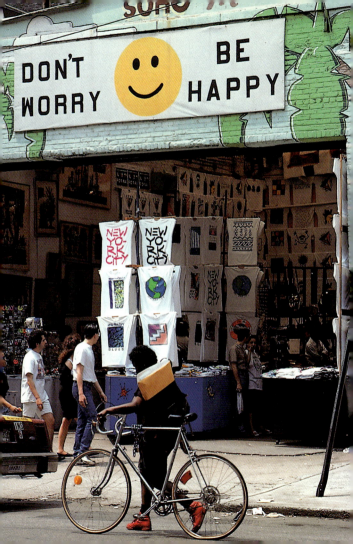

ging 1955 von John D. Rockefeller III. aus. Die Stadt kaufte das Gelände und ließ das Puertorikaner-Viertel darauf abreißen. Das gänzlich mit privaten Mitteln finanzierte Center bedeckt eine Fläche von rund 5 ha. Die drei Hauptgebäude um die Plaza mit ihrem Brunnen in der Mitte »passen zueinander«.

Die linke Seite der Esplanade nimmt das **New York State Theater** ein, die Heimstatt des New York City Ballet und der New York City Opera. Dieses 1964 errichtete Gebäude zeigt nach außen hin nur eine schlichte, stattliche Fassade, aber der Zuschauerraum strotzt vor Rot und Gold und Kristall.

Das **Metropolitan Opera House** (die »Met«) beherbergt die Metropolitan Opera und das American Ballet Theatre und wurde 1966 vollendet; es hat 3800 Plätze. Mit seiner aufgelockerten, durch Marmorsäulen – eine Reminiszenz an den alten Kolonialstil – hervorgehobenen Glasfassade ist es das schönste Gebäude des Komplexes. Die beiden Wandgemälde von Chagall in der Eingangshalle sind auch von außen zu sehen. In der Guggenheim Bendshell im angrenzenden Damrosch Park werden im Sommer Freiluftkonzerte veranstaltet.

Gegenüber vom New York State Theater steht die 1962 eingeweihte **Avery Fisher Hall,** die man auch Philharmonic Hall nennt. Der Saal mit ungefähr 2700 Plätzen mußte zur Verbesserung der Akustik mehrfach umgebaut werden.

Gleich hinter der Halle auf Höhe der Met sieht man den Umriß des **Vivian Beaumont Theaters,** das von dem großen Architekten Eero Saarinen entworfen wurde. Außer dem hübschen Theaterrundbau gibt es eine zweite, allerdings weitaus kleinere Bühne, das **Mitzi Newhouse Theater.** Das Gebäude war eigentlich als Stammsitz einer dauernden amerikanischen Repertoire-Truppe nach dem Vorbild der Comédie Française in Paris gedacht – aber der Traum sollte sich nie verwirklichen.

The **New York Public Library and Museum of the Performing Arts at Lincoln Center** hinter dem Vivian Beaumont verfügt unter anderem über ein Filmarchiv und eine Dokumentation über Schauspieler, Filmstars und

Nach einem Abend im Theater begeben sich die Nachtschwärmer gern selbst ins Rampenlicht.

Regisseure. Weiter zurück, mit dem Lincoln Center durch eine Fußgängerbrücke über die West 65th Street verbunden, liegt die **Juilliard School**, eines der weltbesten Konservatorien. In der **Alice Tully Hall**, einem Konzertsaal im Erdgeschoß, geben die begabtesten Schüler oft Nachmittagskonzerte. Hier ist auch die Heimstatt der Chamber Music Society.

Einstündige Führungen durch das Lincoln Center beginnen auf dem Vorplatz täglich zwischen 10 und 17 Uhr.

Central Park

Diese weitläufige, 800 m breite und 4 km lange Grünanlage mitten in Manhattan ist Sport-, Spiel- und Picknickplatz für Zehntausende von City-Bewohnern. In den 40er Jahren des vorigen Jahrhunderts waren 3000 Arbeiter 16 Jahre lang mit deren Vollendung beschäftigt. Doch der im englischen Stil angelegte Park wirkt tatsächlich nicht wie von Menschenhand geschaffen. Der See, die »Wälder«, die Pfade und die Wiesen könnten schon seit undenklichen Zeiten dagewesen sein. Tagsüber kann man ganz unbesorgt durch den Park spazieren, aber auf der Hut sollte man trotzdem bleiben. Doch abends sollte man die Anlagen besser meiden, falls man nicht gerade das Sommer-Freilichttheater besuchen will.

Von der Südostecke aus geht es um den Teich herum zum kleinen, modernen **Zoo.** Nächster Halt ist bei der **Dairy,** dem Besucherzentrum des Parks. Von hier aus führt die breite, baumgesäumte Mall zu **Bethesda Fountain and Terrace.** Im Sommer kann man am Loeb Boathouse – zur Rechten – ein Ruderboot für eine Tour auf dem hübschen See unterhalb der Terrasse mieten. Auf dem nach Osten zu gelegenen **Conservatory Water** in der Nähe der Statuen von Hans Christian Andersen und Alice im Wunderland steuern Erlaubnisinhaber ihre Mini-Segelboote. Auf einem Hügel in Höhe des Metropolitan Museum of Art (siehe S. 62–65) ragt **Cleopatra's Needle** auf, ein 3000 Jahre alter Obelisk, der Ende des 19.Jh. als Geschenk Ägyptens seinen Weg hierher fand.

Eine Parkanlage neueren Datums sind die **Strawberry Fields** (Central Park West zwischen West 71st und 74th Streets), Yoko Onos

Eintracht in einem stillen Winkel des Central Park.

CENTRAL PARK

gartenbauliches Denkmal für ihren Gatten John Lennon, der 1980 unmittelbar auf der anderen Straßenseite vor dem wuchtigen Dakota-Apartmenthaus (1 West 72nd Street) erschossen wurde.

Kostenlose Konzerte und Opern im Freien werden während der Sommermonate auf dem **Great Lawn** veranstaltet, und im **Belvedere Castle** finden Ausstellungen und besondere Ereignisse statt.

Im **Delacorte Theater** südlich der 81st Street an der Westseite des Parks läuft das hervorragende Festival »Shakespeare in the Park«; der Eintritt ist ebenfalls kostenlos, nur muß man sich frühzeitig nach Karten anstellen.

Im Central Park gibt es ungefähr 14 km Fahrstraßen, 9 km Reitwege, über 10 km Radfahr- und 45 km Spazierwege. Neben verschiedenen anderen Attraktionen wartet der Park mit Einrichtungen zum Bootfahren, Eis- und Rollschuhlaufen, für Baseball, Football, Bowling, Krocket, Tennis, Handball und sogar zum Hufeisenwerfen auf. Zur Unterhaltung der Kinder stehen eine Reihe von Spielplätzen, ein Karussell und ein Kinderzoo zur Verfügung.

Die Gegend um die Columbia University

Die **Cathedral Church of St. John the Divine** an der Ecke Amsterdam Avenue und West 112th Street ist »der Welt größter gotischer Dom«. Der Bau wurde 1892 begonnen und gegen 1939 nahezu vollendet, aber es bleibt noch viel zu tun, wenn die Originalpläne eingehalten werden sollen. Im Innern dieser Episkopalkirche entdeckt man einige schöne Gobelins, Gemälde von italienischen Meistern des 16.Jh. und mehrere Ikonen.

Unmittelbar hinter der Kathedrale beginnt das Gelände der **Columbia University**. Sie wurde 1754 von König Georg II. von England als King's College gegründet und ist Mitglied der Ivy League, jenes sehr exklusiven Klubs alter amerikanischer Universitäten, dem auch Harvard, Princeton und Yale angehören. Einen ausgezeichneten Ruf genießen die juristische Fakultät, die Abteilungen Politikwissenschaften und Erziehung sowie die Journalismus-Schule.

Den Broadway hinüber steht das **Barnard College,** die der Columbia University angeschlossene Lehranstalt für das weibliche Geschlecht. Dahinter ist die unerschütterliche gotische **Riverside Church** auszumachen; von ihrem Turm mit dem Geläut aus 74 Glocken hat man weite Ausblicke über New York, den Hudson River und New Jersey. Das tempelgleiche Gebäude im Riverside Park auf der Höhe der 122nd Street ist **Grant's Tomb,** das Mausoleum von General Ulysses S. Grant, dem Oberbefehlshaber der siegreichen Unionstruppen im Bürgerkrieg und US-Präsidenten von 1869 bis 1877 (mittwochs bis sonntags geöffnet).

Die Mietshäuser am **Riverside Drive**, der Allee am Park, gehörten einst zur Luxusklasse, kamen dann außer Mode und sind jetzt wieder sehr gefragt. Und falls man einmal einen tieferen Eindruck vom Leben in einer New Yorker Gegend erhalten möchte, bummelt man den Broadway entlang zu Fuß zurück, bis man müde ist und in die nächste Subway in Richtung Hotel steigt.

Harlem

»Won't go to Harlem in ermine and pearls«, heißt es in einem alten Song, und wenn auch nicht in Pelz und Perlen, hingehen sollte man trotzdem – und seine eigenen Sicherheitsmaßnahmen treffen. Ein Großteil dieses Bezirks ist Slum, und zu Vorsicht ist an solchen Orten stets geraten; aber Harlem ist auch New Yorker Realität. Am besten nimmt man hier an einer Führung teil.

Harlem wird bei den meisten Manhattan-Touren »mitgenommen«. Es gibt auch einige von Schwarzen betriebene Agenturen, die ihr Viertel so zeigen, wie es ist, von seiner besten wie von seiner schlechtesten Seite; diese Firmen bieten Busfahrten und Fußgänge zu den Wahrzeichen des Viertels an, wie zu den traditionellen Kirchen, dem Hamilton Grange National Memorial an Convent Avenue zwischen West 141st und 142nd Street (Haus des gleichnamigen Föderalistenführers und ersten Sekretärs im Finanzministerium), dem Morris-Jumel Mansion (siehe S. 60) sowie zu Jazz-, Gospel- und Nachtklubhochburgen von Harlem. Die Adressen findet man beim New York Convention & Visitors Bureau (siehe S. 107) oder bei der Harlem Visitors & Conventions Association (Tel. 427-3317).

Harlem erstreckt sich vom Nordende des Central Park bis zur 178th Street. In den 50er Jahren lebten hier eine Million Schwarze aus den Südstaaten und der Karibik; heute ist ihre Zahl auf knapp ein Viertel davon gesunken. Optimisten führen diesen Exodus auf die neuen Wohnungsbauprogramme und den verbesserten Lebensstandard der Farbigen zurück. Pessimisten dagegen behaupten, lediglich der zunehmende Verfall ihres Gettos habe die Armen aus Manhattan verdrängt, jedoch nur in umliegende Außenviertel wie die südliche Bronx, die sich zum zweiten Harlem entwickelte. Beide Ansichten sind zum Teil richtig.

Der Zuzug von Schwarzen setzte gegen 1920 ein, als die Jazz-Ära begann, jene wilden Jahre, die um 1930 ihren Höhepunkt fanden. Für die Farbigen aus dem Süden, die hier unsagbare Freiheit fanden, war New York das »gelobte Land«. Duke Ellington und Cab Calloway im Cotton Club und im Apollo zogen Scharen von Weißen an.

In Harlem sind heute aber auch Anzeichen von »Sanierung« zu bemerken. Das berühmte **Apollo Theatre** (West 125th Street zwischen Adam Clayton Powell Jr. und Frederick Douglass Boulevard) ist als Kino und Konzertsaal zu neuem Leben erwacht; es ist äußerst beliebt für seine lebhaften Amateur-Abendvorstellungen. Den Künsten und dem Handwerk des schwarzen

Amerika und der Karibik ist das **Studio Museum in Harlem** gewidmet (West 125th Street/ Malcolm X Boulevard); darin laufen auch Konzerte und Filme, und außerdem gibt es einen Museumsladen.

Das **Schomburg Center for Research in Black Culture** (Malcolm X Boulevard/Lenox Avenue und West 135th Street), öffentliche Bibliothek und Kunstmuseum unter einem Dach, verfügt über eine der bedeutendsten Sammlungen der Welt zur Geschichte der Schwarzen und afroamerikanischen Kultur.

Und es gibt auch noch ein paar ansehnlichere Straßen, vor allem um die Edgecombe Avenue, eine Gegend, in der Farbige wohnen, die es sich leisten könnten, wegzuziehen, aber aus Solidarität bleiben. Das **Morris-Jumel Mansion** (Jumel Terrace/West 161st Street; dienstags bis sonntags 10–16 Uhr geöffnet) gehört zu New Yorks letzten Überresten georgianischer Architektur aus den Kolonialtagen. Es wurde 1765 erbaut und diente George Washington im Unabhängigkeitskrieg als Hauptquartier; 1810 kaufte Stephen Jumel, ein französischer Weinhändler, das Gebäude auf. Aaron Burr, dritter Vizepräsident der USA, heiratete Jumels Witwe und wohnte hier für einige Zeit.

Religion spielt von jeher im Leben der schwarzen Amerikaner eine wichtige Rolle. Vor einigen Jahren hatten vor allem die Black Muslims über Zulauf zu klagen, und einige protestantische Sekten wandelten alte Kinos zu »Pop«-Tempeln um. Einen dieser Gottesdienste – vorzugsweise in den Kirchen um die Edgecombe Avenue – kann man mit Erlaubnis der Gemeinde nach vorheriger Absprache mit dem Geistlichen besuchen.

Den Osten von Harlem, den jetzt größtenteils Puertorikaner beherrschen, nennt man East oder Spanish Harlem, und hier erwartet den Besucher das **Museo del Barrio** (Fifth Avenue/ 104th Street), ein Museum lateinamerikanischer Kunst und Kultur.

MUSEEN

Allein schon seine Museen – es sind weit über 100 – weisen New York als eine der kulturellen Hauptstädte aus. Der Besuch von nur einigen darunter könnte die ganze Aufenthaltsdauer in Anspruch nehmen. Nachstehend die bedeutendsten Museen in alphabetischer Reihenfolge.

»Die Großen«
American Museum of Natural History

Central Park West/West 79th Street; Montag, Dienstag, Donnerstag, Sonntag 10–17.45 Uhr, Mittwoch, Freitag, Samstag 10–21 Uhr.

Dies ist das umfangreichste naturgeschichtliche Museum der Welt, und die meisten Säle zeigen wirklich Bemerkenswertes. Auf keinen Fall versäumen sollte man die Abteilung mit Mineralien und Edelsteinen, in der auch der »Star of India«, der größte Saphir, der jemals gefunden wurde, neben Mondgestein und anderen Pretiosen zu sehen ist.

Zwei der großen Säle füllen Dinosaurier-Ausstellungen. Ebenso beachtlich sind Afrika und Südamerika in einigen Räumen vertreten. Von jedem Kontinent wird hier etwas gezeigt; von der gesamten Tierwelt bis hin zu primitiven Zivilisationen ist kein Gebiet ausgelassen, und in der Gardner D. Stout Hall of Asian Peoples ist das Leben in Asien vom Pekingmenschen an bis zum 19.Jh. dargestellt.

Im **Naturemax Theater** des Museums, einer Halle mit einer vier Stockwerke hohen und 20 m breiten Leinwand werden Filme über die Wunder dieser Erde aufgeführt.

Das **Hayden Planetarium** gleich nebenan ist für seine faszinierenden Programme über die Welt der Sterne und die Raumforschung bekannt. Das **Laserium** im gleichen Gebäude zeigt Tonlichtschauen mit einem Laserstrahl an Freitag- und Samstagabenden.

Brooklyn Museum

Eastern Parkway/Washington Avenue (Brooklyn); Mittwoch bis Sonntag 10–17 Uhr.

Dieses Museum liegt außerhalb Manhattans, ist aber durchaus einen Besuch wert: erstens ist es das einzige dieser Art und zweitens überblickt man von hier aus den Prospect Park, in dem Pflastermüde einen angenehmen Nachmittag verbringen können. Vom Times Square gelangt man bequem mit der Express Subway Nr. 2 oder 3 dorthin. Die Fahrt zur nächstgelegenen Haltestelle (Eastern Parkway–Brooklyn Museum) dauert eine halbe Stunde.

Allein die präkolumbianische Kunst lohnt den Abstecher, doch nicht weniger beachtenswert sind die Abteilungen, die Kunstwerken aus Ägypten, dem Fernen Osten und Persien gewidmet sind. Auch das

SEHENSWÜRDIGKEITEN

Kostüm-Museum ist eine Augenweide, und in den übrigen Räumen läuft eine Dauerausstellung von Einrichtungsgegenständen aus der Zeit der ersten Siedler.

Im Museum of Natural History braucht auch der Strauß seinen Kopf nicht in den Sand zu stecken.

Ellis Island Immigration Museum

Siehe unter Statue of Liberty und Ellis Island, S. 72.

Metropolitan Museum of Art

Fifth Avenue/East 82nd Street; Dienstag, Mittwoch, Donnerstag 9.30–17.15 Uhr, Freitag, Samstag 9.30–20.45 Uhr.

MUSEEN

Das »Met« ist mit seinen nahezu 250 Sälen, 4500 Gemälden und Zeichnungen, einer Million von Drucken, 4000 Musikinstrumenten und zahllosen Möbelstücken und Plastiken eine Welt für sich. Nur ein Viertel der Sammlungen ist jeweils ausgestellt. Bei einem einzigen Besuch erhält man nicht einmal eine Vorstellung vom Reichtum des Hauses, und deshalb beschränkt man sich am besten auf eine oder zwei Abteilungen, die man bereichert und nicht allzu erschöpft verläßt.

In einem Laden im Untergeschoß werden Poster zu speziellen Ausstellungen und Reproduktionen verkauft. Hier ist auch das **Costume Institute** mit Kleidungsstücken von Königen und Königinnen, Clowns

und Kaplanen, Mönchen und Magiern untergebracht, und für Kinder gibt es Ausstellungen und besondere Programme an Wochenenden.

Was man im Metropolitan leichter als in vielen großen Museen besichtigen kann, sind die in jeweils entsprechender Umgebung angeordneten Ausstellungsstücke. So auch nördlich der Eingangshalle im **Egyptian Department,** in dem man ein rekonstruiertes Mausoleum samt Mumien und »allem Drum und Dran« betritt. Der Tempel von Dendera in einem separaten Flügel nebenan wurde von den Ufern des Nils hiertransportiert und Stein für Stein wiederaufgebaut.

Eine weitere Attraktion ist am äußersten Ende des Hauptgeschosses die **Lehmann Collection,** in der die Gemälde früher italienischer und französischer Impressionisten in den originalgetreu nachgebildeten Wohnräumen ihres Stifters zu bewundern sind.

Und der **Michael C. Rockefeller Wing** beherbergt eine erlesene Sammlung primitiver Kunst in einer geräumigen, gewächshausartigen Halle.

Als »mitten aus dem amerikanischen Kunstschaffen gegriffen« erweist sich der **American Wing,** der praktisch ein Museum für sich darstellt. Er ist eine Verherrlichung von Architektur, dekorativen und schönen Künsten auf gesamter US-Ebene, von den frühesten Kolonialtagen bis heute. Man kann hier die Stufen eines majestätischen (von Louis Sullivan für die jetzt abgerissene Chicagoer Börse aus dem späten 19.Jh. entworfenen) Treppenaufgangs oder eine kunstvoll geschnitzte Holztreppe aus einem einfachen Haus in New Hampshire aus der Zeit um 1700 hinaufsteigen. Eine ganze Wand nimmt die komplette, imponierende Marmorfassade der 1824er U.S. Branch Bank aus der Wall Street ein.

Stilmöbel, auf die teilweise Licht durch schöne Tiffany-Glasfenster fällt, sind in Räumen der jeweiligen Epoche ausgestellt. Und Besucher, die bei amerikanischer Kunst nach dem Zweiten Weltkrieg gleich an Avantgarde und dergleichen denken, werden beim Anblick der herrlichen Gemälde freudig überrascht sein.

In konventionellerem Rahmen sind im Obergeschoß 35 Räume der **Europäischen Malerei** vom 15. bis zum 20.Jh. vorbehalten. Einige der Hauptsehenswürdigkeiten: die Italiener Bellini und Piero di Cosimo; in der holländischen Sammlung

Rembrandt und Jan Vermeer. Die Franzosen sind in den Sälen zum 19.Jh. mit Manet, Degas und Cézanne vertreten. Bei den Spaniern überbieten sich Velazquez und El Greco, doch emotionell weitaus geladener zeigt sich ihr Landsmann Picasso. Bei den Briten ist Turner überragend.

Einen reizvollen Tupfer in der europäischen Abteilung bildet – sehr typisch für die mutige Ausstellungstechnik der Metropole – Jean Dupas ansehnliches Wandbild aus Glas, Gold- und Silberblatt, das aus dem französischen Ozeandampfer *Normandie* seinen Weg hierher fand; es zeigt die Geschichte der Seefahrt.

Und das Museum wächst weiter: der **20th-Century Wing**, beinahe so groß wie das ganze Museum of Modern Art, wurde 1987 eröffnet. Ausgestellt sind hier Gemälde, bildhauerische und dekorative Kunstwerke aus Europa und Amerika. Im Saal unseres Jahrhunderts glänzen Amerikaner wie Pollock, Kline und de Kooning.

Museum of Modern Art

West 53rd Street zwischen Fifth und Sixth Avenue; Freitag bis Dienstag 11–18 Uhr, Donnerstag bis 21 Uhr.

Das »MOMA« beherbergt Kunstwerke von 1880 an bis heute. Das Museum verfügt über mehr als 70 000 Arbeiten, und nur ein Teil der Sammlung ist jeweils zu sehen – eine Auswahl von etwa 30 Prozent, obwohl die Ausstellungsfläche 1984 mehr als verdoppelt wurde.

Eine kühle Oase im Sommer und ein passender Rahmen für die Skulpturen von Renoir, Rodin, Maillol, Picasso, Moore und Calder ist der Garten. Von hier aus führen glasüberdachte Rolltreppen in das modernisierte Museum. (Aus dem Verkauf der »Höhenrechte« des Grundstücks wurde die Außenlift mitfinanziert; heute erhebt sich ein Wolkenkratzer mit Wohnungen, der sogenannte Museumsturm, hoch über der West 53rd Street.)

Sonderausstellungen und Neuerwerbungen werden im Erdgeschoß des Westflügels gezeigt. Doch einen »guten Einstieg« bilden vielleicht die Vorläufer der zeitgenössischen Kunst. Die Themen werden oft gewechselt, aber man findet mit Sicherheit stets Gemälde von Künstlern, die von den Impressionisten bis zu den Futuristen alle größeren modernen Richtungen vertreten.

Das MOMA verfügt auch über große bildhauerische

SEHENSWÜRDIGKEITEN

Werke, wie etwa Alberto Giacomettis Palast um vier Uhr morgens oder ein »ready-made« von Duchamp, das Fahrrad-Rad. Außerdem gibt es eine hervorragende Fotoausstellung und eine Abteilung, die Architektur und Design gewidmet ist. Zu betrachten sind hier eine Wedgwood-Tasse (1768) sowie ein Bang & Olufson-»Beogram 4002«-Plattenspieler von Jakob Jensen – ebenso modern wie das Museum selbst.

Zudem laufen jeden Tag (ohne zusätzlichen Eintritt) mehrere Streifen zur Kinogeschichte.

Whitney Museum of American Art

Madison Avenue/East 75th Street; Dienstag 13–20 Uhr, Mittwoch bis Samstag 11–17 Uhr, Sonntag 12–18 Uhr, Dienstag abends Eintritt frei.

In dem der amerikanischen Kunst des 20.Jh. gewidmeten Whitney liegt in den Dauer- und Wechselausstellungen der Schwerpunkt auf den Arbeiten noch lebender Künstler. Zum Programm gehören auch zeitgenössische Film- und Videoproduktionen. Zweigstellen des Museums findet man im Equitable Center (Seventh Avenue zwischen West 51st und 52nd Street) in zwei separaten Galerien, im Philip Morris Building (Park Avenue/East 42nd Street) mit Skulpturenhof und Galerie und Downtown an der Federal Reserve Plaza (Maiden Lane/Nassau Street) mit Wechselausstellungen zu allen visuellen Künsten.

New Yorks ältester »Wolkenkratzer« ist im Met zu besichtigen.

MUSEEN

Weitere Kunst- und Geschichtsmuseen
American Craft Museum

Im E. F. Hutton-Turm an der West 53rd Street, gegenüber vom Museum of Modern Art; Dienstag 10–20 Uhr, Mittwoch bis Sonntag 10–17 Uhr.

Amerikanisches Kunsthandwerk vom Besten, vom Schaukelstuhl bis zum Schwebesitz, kann man sich hier in Form von Gebrauchsgegenständen oder Dekorationen anschauen.

The Cloisters

Zweigstelle des Metropolitan Museum of Art im Fort Tyron Park; Dienstag bis Sonntag 9.30–16.45 Uhr, März bis Oktober Dienstag bis Sonntag 9.30–17.15 Uhr.

Auch dieses Museum ist ei-

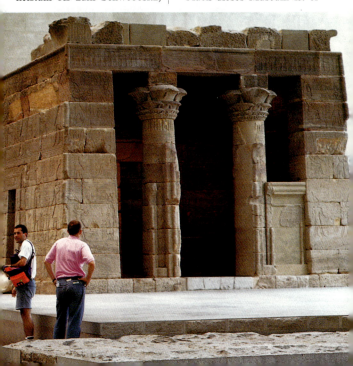

nem New Yorker Millionär zu verdanken – John D. Rockefeller, Jr. In einer seltsamen Mischung aus mittelalterlichen Bauüberresten aus Frankreich, Italien und Spanien entstand hier eine Art befestigten Klosters... und viele Europäer sind über diesen »gestohlenen« Komplex am Ufer des Hudson schockiert.

Doch zu sehen sind hier einige hübsche Objekte, darunter die Kapelle des San Martín de Feuentidueña aus Segovia, ein Stück des romanischen Kreuzgangs von St. Michel-de-Cuxa aus den Pyrenäen, die Schatzkammer, die Unicorn- und Burgos-Gobelins und das berühmte Mérode-Triptychon. Und im Garten gedeihen Heilkräuter wie im Mittelalter.

DIE NEW YORK SCHOOL

Von der Kunst her gesehen war New York provinzielles Hinterland, bis kurz vor dem Zweiten Weltkrieg exilierte europäische Künstler auf der Szene erschienen. Diese Avantgardisten beeinflußten sogleich das kulturelle Leben der Stadt und brachten Amerikas erste wirklich neuartige Kunstbewegung ins Rollen, die New Yorker Schule abstrakter Expressionisten.

Jackson Pollock aus Wyoming als »Leader« entwickelte die Technik des *Action Painting*. Er verzichtete auf Pinsel und Palette und ließ die Farben direkt auf die Leinwand rinnen, tropfen, spritzen – Zufallskompositionen. Der aus den Niederlanden stammende Willem de Kooning folgte dieser Bewegung, doch in seinen Werken sind auch teilweise figurative Elemente zu bemerken. Ein weiterer führender Anhänger dieser Schule war Franz Kline aus Pennsylvanien, der sich seinen Ruhm mit abstrakten Gemälden in Schwarz, Weiß und Grau erwarb.

Cooper-Hewitt Museum

East 91st Street/Fifth Avenue; Dienstag 10–21 Uhr, Mittwoch bis Samstag 10–17 Uhr, Sonntag 12–17 Uhr.

Ein weiteres Museum, das einen Besuch wert ist: es ist in einem prachtvollen Herrensitz untergebracht, den sich im Jahre 1900 Andrew Carnegie bauen ließ; es verfügt über eine der umfangreichsten Sammlungen dekorativer Kunst des Landes.

Frick Collection

East 70th Street/Fifth Avenue; Dienstag bis Samstag 10–18 Uhr, Sonntag 13–18 Uhr.

»Öffentlichkeitsarbeit« vor dem Museum of Modern Art.

Kinder bis zu 10 haben keinen Zutritt, von 10 bis zu 16 Jahren nur in Begleitung eines Erwachsenen.

Der aus der Schweiz stammende Henry Clay Frick war ein Stahlmagnat, der – wie andere amerikanische Multimillionäre des frühen 20.Jh. – einen Teil seines Vermögens in Kunstwerken anlegte. Das Museum ist sein ehemaliges Heim, und so bekommt man gleichzeitig eine Vorstellung davon, wie reiche New Yorker damals zu wohnen pflegten.

Da gibt es ein französisches Boudoir aus dem 18.Jh. mit acht Wanddekorationen, die Madame de Pompadour bei François Boucher in Auftrag gab, einen Salon von Fragonard mit einer Auswahl von prächtigen Stücken sowie ein Speisezimmer mit Porträts von Hogarth, Reynolds und Gainsborough. Zu den weiteren Schätzen zählen El Grecos *Hl. Hieronymus als Kardinal,* Bildnisse von Holbein, Velázquez' *Philipp von Spanien,* de la Tours *Erziehung der Jungfrau,* holländische Landschaften, einige lebensgroße Porträts von Whistler und drei Rembrandts. Die Teppiche, Möbelstücke und sonstigen Gegenstände sind alle unbezahlbar. Im Winter werden sonntags Kammermusik-Konzerte veranstaltet (kostenlose Karten muß man früh genug schriftlich anfordern); diese Aufführungen finden in einem der einladendsten Abschnitte des Museums statt: im glasüberdachten, mit Marmor ausgelegtem Innenhof mit Teich und Brunnen.

Solomon R. Guggenheim Museum

Fifth Avenue/East 89th Street; Dienstag 11–20 Uhr, Mittwoch bis Sonntag 11–17 Uhr.

Das von Frank Lloyd Wright entworfene Gebäude ist bereits eine Sehenswürdigkeit für sich. Die einen bespötteln es als riesiges Schneckenhaus, andere loben es als ein Meisterwerk New Yorker Architektur. Wright selbst sah seinen Bau als Skulptur. Innen läuft eine weite Wendelrampe – die Galerie – an der Außenmauer entlang. Die Neigung, die Wandfarbe und die Beleuchtung wurden alle sehr sorgsam gewählt, um die Augen des Besuchers nicht zu ermüden.

Die Grundsammlung stammt von Solomon R. Guggenheim, der aus der Schweiz kam und sein Vermögen mit Kupfer machte. Inzwischen sind Werke von Kandinsky, Klee und Chagall und unzähligen anderen hinzugekommen. Die Justin

K. Thannhauser Collection in einem anschließenden Gebäude umfaßt Gemälde von Renoir, Monet, Cézanne, van Gogh, Gauguin und Degas. Das Museum veranstaltet jährlich acht bis zehn verschiedene Ausstellungen.

International Center of Photography

Fifth Avenue/East 94th Street; Dienstag 12–20 Uhr, Mittwoch bis Freitag 12–17 Uhr, Samstag und Sonntag 11–18 Uhr; Midtown-Zweigstelle: Dienstag, Mittwoch, Freitag bis Sonntag 11–18 Uhr, Donnerstag 11–20 Uhr.

Bibliothek, Ausstellungsräume und Ateliers. Auch eine Galerie an der Avenue of the Americas/West 43rd Street.

New York Historical Society

Central Park West/West 77th Street; Dienstag bis Sonntag 10–17 Uhr.

Bedeutendes Museum und wissenschaftliche Bibliothek zur amerikanischen Geschichte.

Spezialmuseen

The American Museum of the Moving Image (35th Avenue/36th Street – Astoria, Queens); Dienstag bis Freitag 12–16 Uhr, Samstag und Sonntag 12–18 Uhr. Der Geschichte des Films gewidmetes Haus mit Ausstellungsstücken »zum Mitmachen«, Kulissen und zwei Lichtspieltheatern.

IBM Gallery of Science and Art (Madison Avenue zwischen East 56th und 57th Street); Dienstag bis Samstag 11–18 Uhr. In zeitlich begrenzten Ausstellungen wird Kunst aus weniger bekannten Gegenden der USA und jenen Ländern gezeigt, in denen die Firma vertreten ist.

Intrepid Sea-Air-Space Museum (Pier 86, West 46th Street/Twelfth Avenue); Mittwoch bis Sonntag 10–17 Uhr. Flugzeugträger aus dem Zweiten Weltkrieg mit umfassenden Ausstellungen und Tonbildschauen.

Museum of the City of New York (Fifth Avenue/East 103rd Street); Mittwoch bis Samstag 10–17 Uhr, Sonntag 13–17 Uhr. Siehe Für Kinder, S. 90.

Museum of Holography (Mercer Street/Canal Street – SoHo); Dienstag bis Sonntag 11–18 Uhr. Ein kleines Museum zur Technik der Holographie (dem Verfahren, mit Hilfe von Laserstrahlen dreidimensionale, für Wissenschaft und Technik aufschlußreiche Bilder herzustellen).

SEHENSWÜRDIGKEITEN

National Museum of the American Indian, Smithsonian Institution (Audubon Terrace/Broadway und West 155th Street); Dienstag bis Samstag 10–17 Uhr, Sonntag 13–17 Uhr. Die weltgrößte Sammlung indianischer Kunst- und Gebrauchsgegenstände aus Nord-, Zentral- und Südamerika.

Pierpont Morgan Library (East 36th Street/Madison Avenue); Dienstag bis Samstag 10.30–17 Uhr, Sonntag 13–17 Uhr. Sammlung des gleichnamigen Millionärs: seltene Bücher, illuminierte Handschriften, Gemälde alter Meister, florentinische Skulptur usw.

South Street Seaport Museum (East River am Ende der Fulton Street); werktags 10–17 Uhr, Samstag und Sonntag 10–18 Uhr. Restaurierte Hafengegend mit Gebäuden aus dem 19.Jh. und Segelschiffen (siehe S. 43).

AUSFLÜGE
Freiheitsstatue und Ellis Island

Für Millionen von Einwanderern war die **Freiheitsstatue** *(Statue of Liberty)* das erste, was sie von Amerika erblickten, ein Symbol der Neuen Welt. Den Amerikanern bedeutet »the Lady« auch heute noch mehr als alle anderen Denkmäler, und im respektablen Alter von 99 Jahren erhielt die Dame, die ein Jahrhundert lang Wind und Wetter trotzte, in den frühen 80er Tagen dieses Jahrhunderts ihre wohlverdiente Verjüngungskur.

Die Statue, an der man rund zehn Jahre baute, war ein Geschenk Frankreichs an die Vereinigten Staaten in Würdigung der Freundschaft zwischen den beiden Ländern und zugleich Leitstern all jener, die die Alte Welt hinter sich ließen.

Frédéric-Auguste Bartholdis 46 m hohes Bauwerk war einer dieser phantastischen Träume, die Wirklichkeit werden. Fachwissen über Eisenkonstruktionen mußte hier auf die Kunst übertragen werden, und so rief Bartholdi bei der Umsetzung seiner künstlerischen Vision in Metall Gustave Eiffel – den Erbauer des berühmten Turms – zu Hilfe. Im Frühling 1884 errichtete man die Statue in Paris, und als das gekrönte Haupt die Dächer ihrer Häuser überragte, eilten die staunenden Pariser in hellen Scharen herbei – bis das Monumentalwerk auseinandergenommen und in 214 riesigen Holzkisten zu seinem endgültigen Standort auf Liberty Island verschifft und dort wieder Stück für Stück zusammengesetzt wurde. Und am 28. Oktober 1886 wurde die Statue der *Freiheit, die die Welt erleuchtet*, von Präsident Cleveland offiziell enthüllt.

Die Fähre zur Statue auf Liberty Island geht vom Battery Park an der Südspitze von Manhattan ab; Karten erhält man im Castle Clinton. Am besten fährt man morgens hin (Abfahrtszeiten täglich alle 45 Minuten von 9.30 bis 15.30 Uhr; Sehenswürdigkeiten jeden Tag 9–17 Uhr geöffnet) und nimmt sich wenigstens zwei Stunden für jede der Inseln Zeit. Die Überfahrt zur »Freiheitsinsel« dauert rund 15 Minuten. Nach der Besichtigung hier kann man mit der Fähre weiter nach Ellis Island übersetzen.

Die meisten Besucher eilen sogleich zu dem Fahrstuhl, der sie zu der Promenade oben auf dem 27 m hohen Sockel der Statue hinaufbringt (Wartezeiten von zwei bis drei Stunden sind nicht außergewöhnlich); von hier aus hat man eine überwältigende **Aussicht** auf die Skyline von Manhattan. Um in die Krone der Lady zu gelangen, muß man vom Fuß der Statue ein 22stöckiges Treppenhaus hinaufsteigen. Das Fundament der Statue beherbergt das faszinierende **American Museum of Immigration**, in dem Fotos früher Einwanderer und persönliche Habseligkeiten ehemaliger Immigranten ausgestellt sind.

Dank eines umfassenden Sanierungsprogramms konnte auf dem Eiland gleich nördlich der Statue of Liberty 1990 das **Ellis Island Immigration Museum** seine Pforten eröffnen. Hier werden anhand eines bewegenden Einführungsfilms, audiovisueller Schaustücke und Dauer- sowie Wechselausstellungen die Leiden und Freuden von 16 Millionen US-Einwanderern aufgezeigt. Während der hauptsächlichen Einwanderungsjahre (1892–1924) durchliefen mehr als 12 Millionen Menschen die Behördenschleusen der Insel.

Jeden Tag liefen Überseedampfer in die New Yorker Meerenge ein. In Barken wurden die menschlichen Frachtstücke nach Ellis Island weiterverschifft, wo man sie, nachdem sie ihre weltliche Habe abgegeben hatten, über Treppenfluchten in die Great Hall zur ärztlichen Untersuchung drängte. Anschließend hatten sie mit Hilfe von Dolmetschern eine Unmenge von Fragen zu beantworten. Ihre gesamte Zukunft, ihre Hoffnungen und Träume hingen

vom Ausgang dieser Befragung ab – ein Drama, das sich millionenmal wiederholte. Bevor die Amerikaner Konsulate im Ausland errichteten, gab es noch keine vorherige Auslese: ein schlechtgelaunter Beamter, ein übereifriger Arzt oder eine Augeninfektion, die man sich während der Überfahrt zugezogen hatte, konnten verhindern, daß der hoffnungsvolle Auswanderer ins Land gelassen wurde.

Tatsächlich kamen 80 Prozent der Neuankömmlinge unbehelligt innerhalb von drei bis fünf Stunden durch; 20 Prozent mußten auf der Insel bleiben, und davon wurden wiederum nur zwei Prozent, d.h. insgesamt 250 000 Personen, die Einwanderung verweigert.

Sightseeing per Schiff und Hubschrauber

Ohne die traditionelle **Bootsfahrt rund um Manhattan** ist kein Besuch in New York komplett. Die klassische Runde dreht die Circle Line, die vom Pier 83 am Hudson River in

Seiten 74–75: Welches Denkmal der Welt ist mit mehr Schicksalen verknüpft?

Höhe der West 43rd Street ablegt (siehe BOOTSRUNDFAHRTEN, S. 103). Bei dieser Gelegenheit kann man auch das Museumsschiff *Intrepid* (siehe S. 71) am Pier 86 besuchen.

Das Boot umrundet die ganze Insel Manhattan, eine 42 km lange Fahrt von drei Stunden. Ein Führer weist auf Punkte von archtitektonischem, historischem, kulturellem oder nur anekdotischem Interesse hin. Der nachgebaute Raddampfer der Seaport Line bewältigt die Tour um Lower Manhattan in 90 Minuten. Noch schneller und billiger erlebt man Manhattan vom Wasser her auf der **Fähre nach Staten Island** ab Battery Park.

Ein unvergeßliches Erlebnis ist ein **Hubschrauberflug** über die Wolkenkratzer-Skyline – angeboten werden verschiedene Touren. Der kürzeste Flug dauert nur fünf Minuten und geht nicht über das UNO-Gelände hinaus, beim längsten wird die ganze Stadt überflogen. Es ist wohl ratsam, einen Flug mittlerer Dauer zu buchen, auf dem man das World Trade Center, Midtown Manhattan und Central Park von oben sieht. Gestartet wird den ganzen Tag über, und mittags bei größtem Touristenandrang muß man wahrscheinlich ein wenig

NEW YORKS SCHÖNSTE BRÜCKEN

Genau 65 Brücken halten die vom Wasser zerteilte Stadt zusammen; allein 14 davon verbinden die Insel Manhattan mit den umliegenden Gebieten.

Die über 480 m lange **Brooklyn Bridge** war 1883 bei ihrer Eröffnung eine Sensation. Doch ihr Bau stand unter keinem guten Stern: Konstrukteur John Roebling und dessen Sohn Washington waren dabei nicht die einzigen Todesopfer. Die Brücke mit ihrem Kabelgeflecht ist nichtsdestoweniger seit ihrer Errichtung ein bei Fotografen und Sonntagsmalern beliebtes Objekt.

Die zweigeschossige **George Washington Bridge** überspannt den Hudson zwischen Manhattan und New Jersey. Ihre von O. H. Ammann entworfenen anmutigen Linien kommen am besten bei Nacht zur Geltung, wenn sie angestrahlt ist.

Die jüngste Brücke im New Yorker Stadtbild ist die **Verrazano-Narrows Bridge** zwischen Brooklyn und Staten Island, die ebenfalls von Ammann konstruiert wurde. Sie ist eine der längsten Hängebrücken der Welt (1300 m Spannweite) und nach dem Italiener benannt, der 1524 bei seiner Landung in der Nähe ihres Fundaments auf Staten Island die New York Bay entdeckte.

warten. Der Abflug erfolgt entweder am East River in der East 34th Street (Island Helicopter) oder auf dem Heliport am Beginn der West 30th Street am Hudson River (Liberty Helicopter Tours).

Für eine Vogelperspektive aus geringerer Höhe bietet sich die **Gondelbahn** an, die Manhattan und Roosevelt Island verbinden (Abfahrt Second Avenue/East 60th Street)

Brooklyn Heights

Um wenigstens einmal über Manhattan hinauszukommen, empfiehlt sich ein Abstecher nach Brooklyn. Mit 2¼ Millionen Bewohnern ist es stärker bevölkert als Manhattan und es ist eines der weitesten urbanen Zentren in Amerika. Die Brooklyner sind sehr stolz auf ihren Akzent und ihre Traditionen, und nach Manhattan fahren sie nur, wenn es unbedingt nötig ist.

Die Brooklyn Heights am East River sind eine wunderschöne Gegend. Man kann dorthin die U-Bahn (Nr. 2 oder 3) bis zur Clark Street Station nehmen. Der Bahnhofsausgang liegt im Untergeschoß vom einstigen St. George Hotel, das zu den prachtvollsten Herbergen in New York zählte.

SEHENSWÜRDIGKEITEN

Die Clark Street entlang Richtung Westen kommt man nach drei Häuserblocks zur **Promenade**, einer Esplanade mit einer der eindrucksvollsten **Aussichten** auf der Welt: zu Füßen des Besuchers löschen Schiffe Zucker- und Kaffeeladungen, gleich gegenüber liegt das untere Manhattan mit all seinen Brücken und dahinter sieht man die Bucht von New York und die Freiheitsstatue. Am späten Nachmittag, wenn die Sonne untergeht, ist der Anblick atemberaubend.

Am Ende der Promenade bummelt man südlich weiter über die **Hicks Street**, eine schattige Straße in einem Viertel, das sich seit 1860 kaum verändert hat. Die *brownstones*, kleine rote Ziegelhäuser, sind wieder in Mode, und die Preise dafür steigen in schwindelnde Höhen. In der **Atlantic Avenue**, einer der längsten Straßen in Brooklyn, glaubt man, in eine andere Welt zu gelangen – bestehend aus arabischen Restaurants und Lebensmittelläden. Hier kann man weitaus günstiger als in Manhattan gut ägyptisch und libanesisch essen, und an Sonntagen wimmelt es in dieser Avenue von Amerikanern nahöstlicher Herkunft, die zum Einkaufen hierher kommen.

Bronx Park

Zwei weitere lohnende Ziele außerhalb Manhattans sind der **Bronx Zoo** (werktags 10–17 Uhr, Samstag und Sonntag 10–17.30 Uhr, November bis Februar täglich 10–16.30 Uhr), der größte der USA, und vor allem das prächtige **New York Botanical Garden Conservatory** (Dienstag bis Sonntag 10–17 Uhr, im Winter Dienstag bis Sonntag 10–16 Uhr). Beide liegen im Bronx Park. Das ganz aus Glas bestehende Gewächshaus mit seiner 27 m hohen Kristallkuppel bedeckt eine Fläche von fast einem halben Hektar. Im Innern sind Orchideen und Palmen und ein Wasserfall zu bestaunen und der üppige Duft von Zitrusgewächsen wahrzunehmen. Man nimmt dorthin den Zug D oder Nr. 4 bis Bedford Park Boulevard und geht dann in östliche Richtung. Zum Zoo steigt man aus der Schnell-U-Bahn Nr. 2 am Pelham Parkway aus, westlich davon nimmt man den Eingang Bronxdale.

In New York ist jeder sein eigener Schrittmacher; aber nur eine Sache auf einmal zu tun, dabei läßt man sich nicht gern ertappen.

WAS UNTERNEHMEN WIR HEUTE?

EINKAUFSBUMMEL

Zu den größten Vergnügen in New York gehört ein Schaufensterbummel. Man schlendert einfach die Fifth Avenue von der 59th Street an hinunter, und dabei wird man, ob man will oder nicht, von den Auslagen schier überwältigt.

Empfehlenswert

Kameras, Taschenrechner, Radios usw. (meist aus Japan) sind in ihren Preisschildern ein Abbild der New Yorker Praxis des Unterbietens.

Kleidung. In hochmodischen Boutiquen hängen die Entwürfe von französischen und amerikanischen Couturiers nebeneinander – und nebenan findet der weniger reiche Käufer die Kopien.

Kosmetika. In Kaufhäusern sind bevorzugte Schönheitsprodukte oft auch zu herabgesetzten Preisen zu finden.

Kunst und Antiquitäten. Der Schwerpunkt der Galerien liegt längs der 57th Street und in SoHo. Zwei Institutionen: das Manhattan Art & Antiques Center (Second Avenue zwischen East 55th und 56th Street) und die Place des Antiquaires (East 57th Street zwischen Park und Lexington Avenue).

Schallplatten und Bücher. Für Musik jeglicher Art geht man gleich am besten zu Tower Records und Sam Goody's. Barnes & Noble Bookstore (Fifth Avenue/East 18th Street), eine der umfangreichsten Buchhandlungen der Welt, unterhält auch mehrere Zweigstellen in Midtown. Weitere hervorragende Buchläden sind der Doubleday Book Shop (größte Filiale an Fifth Avenue und West 57th Street), Rizzoli (31 West 57th Street) und der Strand Book Store (Broadway/East 12th Street).

Ein Spiegelbild der New Yorker Shopping-Möglichkeiten.

Schmuck. Vom Massen-Modeschmuck nach dem letzten Schrei über handgearbeitete Stücke in Greenwich Village-Boutiquen bis zu erlesenen, teuren Original-Kreationen – und nicht zu vergessen das (preislich vernünftige) Diamantenzentrum an der West 47th Street.

Spielwaren. Pädagogisches Spielzeug überwiegt, doch gibt es auch Sachen, an denen man nur Spaß haben soll. Führendes Geschäft ist F.A.O. Schwarz (Fifth Avenue/East 58th Street).

MUSEUMS-EINKÄUFE

Nach authentischen Kunstgewerbe-Artikeln schaut man sich am besten in den Geschenkläden *(gift shops)* der Museen um. Die vier Top-Einkaufsquellen sind das American Museum of Natural History (Mineralien, Schmuck, Bücher), das Metropolitan Museum of Art (Lithographien, Schmuck, Bücher), das Museum of Modern Art (Präsente, Bücher) und das Whitney Museum of Modern Art (handgefertigte Erzeugnisse, Bücher). Zu empfehlen sind auch folgende Läden: American Craft Museum, AT&T Info-Quest Center, The Cloisters, Cooper-Hewitt Museum, Museum of the City of New York und South Street Seaport Museum.

Sportartikel. Auch in diesem Bereich findet man eine reiche Auswahl, Fachberatung und Discount-Angebote in Tennis- und Golfschlägern sowie Skiausrüstungen.

Technische Spielereien. Die größte Auswahl gibt es in der Vorweihnachtszeit in Spezialgeschäften und in den Haushaltsabteilungen der Kaufhäuser. Führend in dieser Branche ist Hammacher Schlemmer (147 East 57th Street).

Wann und wo

Die üblichen Ladenzeiten sind Montag bis Samstag 10–18 Uhr. In vielen Kaufhäusern und Geschäften läuft zudem meist donnerstags ein Abendverkauf, und alle großen Warenhäuser sind auch am Sonntagnachmittag geöffnet. Außer montags wird man in Greenwich Village, SoHo und Chelsea (Haupteinkaufszeile: Seventh Avenue von West 14th bis 23rd Street) gewöhnlich von mittags bis 19 oder 20 Uhr bedient. In kleineren Geschäften mit dem »Going out of business«-Zeichen im Schaufenster sind die Waren nicht immer ganz einwandfrei und oft viel zu teuer.

Kaufhäuser. Bloomingdale's (Third Avenue/East 59th Street) ist beinahe eine Ortschaft für

EINKAUFSBUMMEL

sich, und man muß es unbedingt besuchen: wegen seiner allerneuesten Mode, seiner Möbel, Accessoires und seiner Feinkostabteilung. Und Macy's (West 34th Street/Broadway), bekannt als das größte Warenhaus der Welt, hat wirklich alles!

Wer elegante Mode sucht, schlendert die Fifth Avenue von der 57th bis zur 39th Street hinunter und schaut bei Bergdorf Goodman, Henri Bendel, Bonwit Teller, Saks Fifth Avenue und Lord & Taylor hinein. Barneys New York an Seventh Avenue/West 17th Street ist auf exklusive Damen- und Herren-Designerkleidung eingeschworen und führt auch Abteilungen für Spezialgrößen. Weniger gut betuchten Käufern bietet Alexander's (Lexington Avenue/East 58th Street) Mode und Gadgets zu annehmbaren Preisen.

Passagen und Zentren. Einige der feinsten Geschäfte haben sich im Trump Tower (Fifth Avenue/East 56th Street), Tür an Tür mit Tiffany's, angesiedelt. Das Gebäude ist durch eine weite Passage (mit Wasserfall!) mit Bonwit Teller, einem eleganten Kaufhaus, und dem IBM Building verbunden. Weiter unten an der Fifth Avenue sind Unter- und Erdgeschoß im Rockefeller Center mit über 200 Geschäftslokalen angefüllt, und an der Fifth Avenue/East 47th Street krönt ein Buntglas-Dach die schicke vierstöckige Fifth Avenue Mall 575. Der Citicorp Center Market (East 53rd Street zwischen Lexington und Third Avenue) bietet auf drei Etagen verschiedenste Läden, und A & S Plaza (Avenue of the Americas zwischen West 32nd und 33rd Street) wartet mit acht Stockwerken an Geschäften auf. Im unteren Manhattan beherbergt das SoHo Emporium (West Broadway zwischen Spring und Broome Street) rund 40 schikke Läden; dazu kommen im Financial District die unzähligen Geschäfte und Boutiquen im World Trade Center und im World Financial Center. Wer da nicht auf seine Kosten kommt...

NYC BY NIGHT

Zu dem, was vom Nachtleben der Stadt typisch und besuchenswert ist, gehören ein Broadway-Musical, ein schummriger, verqualmter Raum mit Jazzmusik, eine Filmvorstellung, zu der man einen Block lang Schlange steht, die Met, eine Kneipe im

Stil der 40er Jahre mit Piano-Geklimper von Gershwin-Weisen... und natürlich eine Disco mit cool-verzückten Tänzern. Wo gerade was läuft, steht in den Freitagszeitungen, unter der Rubrik »Arts & Leisure« der New York Times vom Sonntag oder in den wöchentlichen Publikationen New York und The Village Voice. Für Theater- und Konzertkarten siehe S. 118.

Theater

Der Broadway »steht« für Musicals, Komödien und konventionelle Schauspiele. (Doch die meisten Theater liegen in Wirklichkeit abseits des Broadways, sie drängen sich dicht an dicht in den Seitenstraßen von der West 44th bis zur 50th Street.) Am Broadway selbst sind die großen Stars und aufwendige

UNTERHALTUNG

Produktionen zu sehen. Die Vorstellungen beginnen im allgemeinen um 20 Uhr, Matinees laufen mittwochs, samstags und manchmal auch sonntags.

Off-Broadway und Off-Off-Broadway-Theater – mit absoluten Spitzen- oder reinen Amateur-Ensembles und Wiederaufführungen von Klassikern oder höchst avantgardistischen Aufführungsexperimenten – sind über die ganze Stadt verteilt... und auf jeden Fall billiger. Im Public Theater (Lafayette Street 425), in dem mitunter verschiedene

Lincoln Center bei Nacht – und weit und breit kein Anzeichen von Energiekrise.

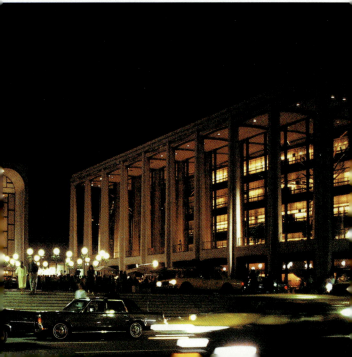

Inszenierungen gleichzeitig laufen, ist man für den Abend gewöhnlich bestens aufgehoben.

Ballett

Zwischen den »gestandenen« Ensembles, wie New York City Ballet, Joffrey Ballet, Merce Cunningham, Alvin Ailey, Dance Theatre of Harlem und American Ballet Theatre, und den aufstrebenden Gruppen wie Plath/Taucher haben Ballettfreunde nur die Qual der Wahl.

Oper und Konzert

Die beiden Haupt-Opernensembles, Met und New York City Opera, sind Nachbarn im Lincoln Center. Bei Konzerten klassischer Musik kann man bisweilen unter bis zu 30 Aufführungen an einem einzigen Abend wählen – mit der New York Philharmonic (ebenfalls im Lincoln Center) an der Spitze. In der berühmten Carnegie Hall treten auch Gastkünstler auf. Kostenlose Konzerte finden recht oft im Bruno Walter Auditorium der New York Public Library im Lincoln Center statt. Und im Sommer werden von Met und Philharmonikern eintrittsfreie Veranstaltungen in den Stadtparken geboten.

Kinos

Die meisten Kinos liegen in der Gegend um Times Square und entlang der Third Avenue oberhalb der East 57th Street; sie zeigen die neuesten Streifen... zu den höchsten Eintrittspreisen in der Stadt. Bestimmte Kinos sind auf Wiederaufführungen von Hollywood-Klassikern und untertitelte ausländische Filme spezialisiert.

Nachtlokale

Jazzklubs mit der ganzen Palette von einschlägiger moderner und avantgardistischer bis zu traditioneller Musik sind überall in der Stadt zu finden, doch am ehesten im Village und in SoHo. Die Sondernummer Jazzline 1-718-465-7500 gibt Auskunft, wo man derzeitig was »jamt«.

Shows werden jeden Abend in den meisten »Comedy Clubs« präsentiert. Weitere Abendunterhaltung: Rock-, Pop- und Tanz- (oder »ballroom« -) Klubs sowie »umwerfende« Kabaretts.

Es sind auch noch altmodische Nachtklubs und Supper Clubs aufzufinden, in denen man zu »sweet music« tanzen und sich – nicht eben billig – verwöhnen lassen kann. Nachtlokale von eingewanderten Volksgruppen bereichern die Szene.

PARADEN UND FESTIVALS

Jede Nationalität hat ihren eigenen Tag, und es vergeht kaum ein Sonntag (jedenfalls scheint es so), an dem nicht Blaskapellen und Majoretten die Fifth Avenue oder eine andere Straße hinunterziehen.

Die großen Umzüge

Am St. Patrick's Day, dem Tag des Schutzheiligen der Iren (17. März), ist der Mittelstreifen der Fifth Avenue grün gestrichen, und der Aufmarsch dauert den ganzen Nachmittag, und zu Ehren von Irland, der »grünen Insel«, tragen alle etwas Grünes.

Der Umzug am Columbus Day (2. Montag im Oktober) wird hauptsächlich von Italienern bestritten, und der Rest von New York kommt zum Zuschauen.

Die **Thanksgiving**-Parade (4. Donnerstag im November) geht über den Broadway. Die großen Stars sind riesige Luftballons in Form von beliebten Cartoon-Figuren; *das* Kinderfest.

Feste

Das **chinesische Neujahr** ist ein bewegliches Fest im Januar oder Februar. Da geht man nach Chinatown – die Gehsteige sind dann ein Minenfeld von Knallkörpern.

Das Fest des hl. Antonius von Padua anfangs Juni (in der Sullivan Street zwischen Houston und Prince Street) und das **San-Gennaro-Fest** im September (in der Mulberry und Grand Street in Little Italy) sind Straßenfeste mit Spaß, Spielen, Pizza und Pasta.

Im Sommer laufen auch Musik-Festivals in der ganzen Stadt; zu den größten davon zählen die Metropolitan Opera's Park Concerts im Juni, das Jazzfestival Ende Juni (in verschiedenen Sälen), die Summerpier Concerts im South Street Seaport (Juli–August), die New York Philharmonic's Park Concerts (Juli–August), das (klassische) Washington Square Music Festival in Greenwich Village (Juli–August) und das Greenwich Jazz Festival (August–September).

Und höchst patriotisch feiert New York außerdem am 4. Juli den Independence Day (Unabhängigkeitstag) mit Festen und eindrucksvollen Feuerwerken.

SPORT

Im Central Park kann man ein Fahrrad oder ein Boot mieten. Zum Tennisspielen (nicht für Trainerstunden) braucht man hier eine Saisonkarte, aber es gibt noch andere Plätze in der Stadt (siehe Gelbe Seiten des Telefonbuchs), die stundenweise zu mieten sind. Man kann aber auch dem Beispiel von Tausenden von New Yorkern folgen und durch den Park oder über die Gehsteige joggen. Im Winter hat man Eislaufmöglichkeiten im Central Park und im Rockefeller Center.

New Yorks Strände sollte man wegen bestimmter Verschmutzungen besser meiden.

Die Baseball-Saison läuft von April bis Ende September; Football (der nichts mit Fußball zu tun hat) wird von September bis in den späten Dezember gespielt. Die Freitagszeitungen bringen eine Übersicht über die Sportveranstaltungen des Wochenendes.

Die Mets (Baseball) spielen nicht weit vom LaGuardia Airport entfernt im Shea Stadium in Queens. Die U-Bahn Nr. 7 (Flushing) ab Grand Central hält unmittelbar am Stadion.

Den Yankees (Baseball) kann man im Yankee Stadium in der Bronx (East 161st Street/River Avenue) zuschauen; man nimmt dorthin die U-Bahn Nr. 4 oder D. Die Giants und Jets (Football) haben Ihren Vereinsplatz in Meadowlands (Giants Stadium) im nördlichen New Jersey.

Die führenden Basketball- (New York Knicks) und Eishockey- (New York Rangers) Teams tragen ihre Spiele im Madison Square Garden aus. The Garden dient auch als »Kampfstätte« von Box-Weltmeisterschaften, für Pferdeschauen und verschiedene andere Sportereignisse.

New Yorker wetten gern auf Pferde. Die beiden großen Rennbahnen sind Aqueduct (Queens) und Belmont (Long Island). Trabrennen finden auf dem Roosevelt Raceway auf Long Island, in Meadowlands und auf dem Yonkers Raceway statt. Auf Long Island liegt auch das Nassau Coliseum, Heimstatt der Islanders, des New Yorker Eishockey-Teams.

Und Ende Oktober/Anfang November nehmen rund 25 000 Läufer am New York City Marathon über 42 km teil, der auf Staten Island beginnt und im Central Park endet.

Trotz heftiger Konkurrenz von Theatern und Klubs ist Baseball nach wie vor Trumpf.

FÜR KINDER

Kleinkinder können sich auf den Abenteuerspielplätzen im Central Park austoben. Das Belvedere Castle (79th Street, südlich vom Great Lawn) verfügt über ein Lernzentrum mit einer Discovery Chamber, einem »Entdeckungsraum«. In der Südostecke des Parks liegt der **Children's Zoo** (Kinderzoo).

Im **Children's Museum of Manhattan** (Kindermuseum; West 83rd Street zwischen Broadway und Amsterdam Avenue) laufen Workshops für bestimmte Altersgruppen, spezielle Veranstaltungen und Ausstellungen.

Den meisten Kindern wird es zweifellos im **American Museum of Natural History** (siehe S. 61) mit seinen Dinosaurier-Skeletten und ausgestopften Tieren in ihrer natürlichen Umgebung besonders gut gefallen. Und das **Hayden Planetarium** gleich nebenan wartet für ältere (über achtjährige) Kinder mit einer eindrucksvollen Sternschau auf.

Das **Museum of the City of New York** (siehe S. 71) zeigt neben schönem alten Spielzeug auch Seefahrts- und Feuerwehrgeräte.

Und schließlich ist da noch das **National Museum of the American Indian, Smithsonian Institution** (siehe S. 72), eine Schatztruhe mit »echten« Besitztümern von Sitting Bull und anderen Western-Helden.

Außerdem sollte man mit seinem Nachwuchs unbedingt **F.A.O. Schwarz** (siehe S. 82), das berühmteste Spielzeugparadies der Stadt, besuchen. Und hinzu kommen noch viele allgemeine Touristen-Attraktionen, wie Bootstouren (siehe S. 76), Wolkenkratzer-Auffahrten und der **South Street Seaport**.

Außerhalb von Manhattan gibt es den riesigen **Bronx Zoo** (siehe S. 78) und das **New York Aquarium** auf Coney Island in Brooklyn (West 8th Street/Surf Avenue; U-Bahn-Schnellzüge D oder F bis West 8th Street Station–New York Aquarium).

New Yorks **Big Apple Circus** schlägt seine Zelte immer an verschiedenen Plätzen auf. Und wer im Frühling in der Stadt weilt, sollte die »Greatest Show on Earth« nicht versäumen – den **Ringling Brothers Barnum & Bailey Circus**.

Was gerade an Veranstaltungen für Kinder läuft, erfährt man zudem aus *The New York Times* oder der Zeitschrift *New York*.

Für Kinder ersteht im Central Park ein eigenes Wunderland.

EIN BLICK IN DIE KÜCHE

Die Pariser Küche ist sicherlich feiner, aber so kosmopolitisch wie in New York kann sie gar nicht sein. Man hat hier die Wahl zwischen Gerichten aus aller Welt – ganz zu schweigen von den sagenhaften amerikanischen Steaks, Hamburgern und Meeresfrüchten.

Eßgewohnheiten

Der Spätaufsteher sitzt mitunter noch beim Frühstück, wenn andere bereits zu Mittag essen möchten. Die Restaurants haben meist den ganzen Tag über Gäste – soweit sich letztere nicht mit einem Imbiß begnügen.

Breakfast wird zwischen 7 und 11 Uhr serviert; das Continental breakfast besteht gewöhnlich aus Fruchtsaft, Toast oder *Danish pastry* (süße Brötchen) mit Kaffee bzw. Tee, aber das Frühstück kann auch weitaus opulenter sein: Eier (mit gebuttertem Toast und Marmelade), Würstchen, Pfannkuchen (so richtig echt mit Ahornsirup) oder Waffeln in verschiedenen Geschmacksrichtungen.

Brunch ist eine Mischung aus Breakfast und Lunch (Mittagessen); er wird traditionsgemäß an »Faulenzer-Sonntagen« irgendwann zwischen 11 und 15 Uhr eingenommen.

Lunch (11–14.30 Uhr) ist gewöhnlich nur ein Hamburger oder ein Sandwich, die man mit einer Coca-Cola, im Sommer einem Eistee, einem Glas Eiswasser oder Kaffee hinunterspült.

Dinner (Abendessen) gibt es bereits ab 17.30 und bis 22.30 Uhr.

Speiselokale

Wer's würzig bis scharf mag, wählt Snacks, Appetithappen (starters) oder Entrées (main courses) im »Cajun-style«. Diese Gerichte sind ein Erbe der französischsprachigen Einwan-

In New York wird »gesnackt«: jederzeit und überall.

EIN BLICK IN DIE KÜCHE

derer aus dem kanadischen Akadien im 18.Jh. und stehen heute auf Speisekarten in der ganzen Stadt.

In Midtown findet man Gaumenfreuden am ehesten im und um den Theater District zwischen 42nd und 55th Street und an der East Side zwischen Madison und Second Avenue. Weiter südlich begibt man sich vorzugsweise ins Village, nach SoHo oder in eines der Viertel in Lower Manhattan – TriBeCa, Little Italy, Chinatown –, aber auch South Street Seaport, World Financial Center oder World Trade Center sind empfehlenswert.

Coffee shops und **Cafeterias** mit Selbstbedienung gibt es überall. Sie bieten Hamburger, Pommes frites (chips), einfache Gerichte und Gebäck, aber keinen Alkohol.

Delicatessens *(deli)*, eine Mischung aus Lebensmittelladen und Restaurant, sind für ihre riesigen, mit Gewürzgurken *(cucumber)* oder Mixed Pickles belegten Sandwiches verschiedenster Brotsorten bekannt. Einige Delicatessens sind koscher.

Ethnische Restaurants – dieser Begriff umfaßt alle ausländischen Lokale, und für jeden nur denkbaren Geschmack ist etwas dabei.

Einige der besten chinesischen und italienischen Speiselokale liegen (zwangsläufig?!) in Chinatown und Little Italy. Deftig deutsche Kost wird an der East 86th Street in Yorkville zwischen Lexington und First Avenue aufgetischt. Nahöstlich speist man an der Atlantic Avenue in Brooklyn oder – neben griechischen, französischen, spanischen und Filipino-Küchen – an der Eighth Avenue zwischen West 37th und 53rd Street.

Fast-food-Ketten. Man wird auf Schritt und Tritt daran erinnert, daß man hier im Heimatland von McDonald's, Kentucky Fried Chicken und anderen »Schnellfutterkrippen« weilt.

Pizzerias bieten eine Vielfalt von »garnierten Teigfladen« an, von denen eine gewöhnlich für drei Personen reicht. Man kann aber auch nur ein Stück einer Pizza haben.

Sidewalk cafés (Straßencafés) sind in den letzten Jahren sehr beliebt geworden. Man bekommt dort neben vollen Mahlzeiten auch *quiches, crêpes* und Sandwiches.

Take-outs sind »Garküchen«, in denen man eine Speiseauswahl und alkoholfreie Getränke zum Mitnehmen und Außer-Haus-Verzehr erhält.

Was man ißt

Sandwiches. Als »Deckblätter« kann man zwischen Weiß-, Roggen- und Vollkornbrot oder Pumpernickel, Brötchen, einem *bagel* (einer Art gekringeltem Brötchen) und *pitta* (arabischem Fladenbrot) wählen. Zum klassischen »Dazwischen« gehören Huhn-, Thun- und Eiersalat, *lox* (geräucherter Lachs) mit Sahnekäse (eine jüdische Spezialität) auf einem »bagel«, gehackte Leber oder *pastrami* (würziges Rauchfleisch). *Club sandwiches* sind »Dreidecker«, belegt mit Kopfsalat, Tomaten, Schinken und manchmal auch Käse. *Hot dogs,* eine New Yorker Erfindung, werden gewöhnlich mit Sauerkraut oder gerösteten Zwiebeln und Senf serviert. *Hamburgers,* das »Nationalgericht«, sind meist größer und schmackhafter als ihre europäischen Nachahmungen.

Suppen. *Vichyssoise* (trotz des französischen Namens ein amerikanisches Rezept) ist eine Kaltschale aus Lauch, Kartoffeln und Zwiebeln. *Chili con carne,* das man oft wie eine Suppe serviert, ist in Wirklichkeit ein deftiger und würziger Eintopf aus braunen Bohnen, Fleisch, Zwiebeln und Tomaten.

Salate. Bei Salatbestellungen wird man gewöhnlich nach der gewünschten Soße gefragt: *French* (cremig mit Tomatengeschmack), *Russian* (Mayonnaise und Chili-Tunke), *Italian* (Öl, Essig, Knoblauch und Kräuter) oder *Roquefort* (»blauer« Käse). Man kann auch nur Essig und Öl verlangen.

»*Chef's salad*«, der mit Schinken, Käse und Huhn angereichert sein kann, ist meist eine Hauptmahlzeit. Salat aus rohem Spinat mit Pilzen gilt als originelle amerikanische Eigenheit, und *Caesar Salad* besteht aus Endivien und rohem Eier-Dressing. *Coleslaw* (Krautsalat) taucht oft auch auf Sandwiches auf, und *Waldorf salad* wird aus Äpfeln, Walnüssen und Mayonnaise zubereitet.

Fleisch. An erster Stelle steht Rindfleisch – in gewaltigen Portionen und nahezu ausnahmslos zart. In vielen Steak-Häusern zahlt man einen Pauschalpreis fürs Fleisch, eine gebackene Kartoffel mit saurer Sahne oder Pommes frites, einen Salat, den man sich selbst zusammenstellt, und manchmal auch soviel Wein, Bier oder Sangria, wie man mag. Sein Steak bestellt man *rare* (nicht durchgebraten), *medium* (halbgar) oder *well done* (gut durchgebraten).

Spare ribs sind marinierte,

gebratene oder gegrillte Schweinsrippchen, die man mit den Fingern ißt. *Ham steak,* eine Spezialität aus dem Süden, ist ein Schinkensteak mit einer Scheibe Ananas. Für ihren Geschmack berühmt sind Long-Island-Enten. Und gefüllter Truthahn, der traditionelle amerikanische Festbraten, steht das ganze Jahr über auf den Speisekarten.

Fisch und Meeresfrüchte. Wer Schalentiere mag, kann nach Herzenslust zugreifen. Die strenger Kontrolle unterzogenen Blue-Point-Austern von Long Island sind eine wahre Delikatesse. Austern und Muscheln werden in halber Schale mit Chili- und Meerettichsoßen und Crackers *(biscuits)* serviert. Mit Spinat bedeckte und mit Semmelbröseln bestreute und

EIN BLICK IN DIE KÜCHE

anschließend gegrillte »*Oysters Rockefeller*« sind eine ungewöhnliche, aber gelungene Zusammenstellung.

Statt des üblichen Garnelen-Cocktails (*shrimps/prawns*) sollte man (im Frühling und im Sommer) die dünnschaligen Krabben *(crabs)* probieren; sie wurden nach Abwurf ihrer Gehäuse gefangen, und man kann sie fast ganz essen.

Kammuscheln, Hummer und Nova-Scotia-Lachs sind besondere Leckerbissen, aber weitaus billiger als daheim.

Gemüse. Es wird sehr viel Salat gegessen. Grüne Bohnen oder Erbsen zur Dekoration auf dem Teller kommen meist aus der Tiefkühltruhe. Köstlich sind die Maiskolben im Sommer.

Käse. Nur französische Restaurants bieten im allgemeinen Käseplatten mit Sorten an, die aus Europa eingeführt werden. Anderswo ist mitunter auf Wunsch ein US-Käse nach britischer, holländischer oder Schweizer Art zu bekommen. Der beste – im Lande selbst produzierte – französische Käse ist der mit Kräutern und Knoblauch.

Nachtisch. Ice cream gibt es für jeden Geschmack. Gebäck und Torten sind nicht immer ebenso gut, doch Ausnahmen bestätigen die Regel: *cheesecake* (Käsekuchen), *apple pie* (Apfelkuchen – mit Eis *à la mode* oder Schlagsahne) und *pumpkin pie* (traditioneller Erntedanktags-Kürbiskuchen). *Rice pudding* (Reispudding) und *jello/jelly* (»Wackelpudding«) führen alle »Coffee shops«.

Getränke. Auf Wunsch bekommt man vor dem Essen ein Glas Eiswasser, und in den wärmeren Monaten tut auch ein

Eistee gut. Viele Amerikaner trinken auch Kaffee zur Mahlzeit. Doch absolute Renner sind Limonaden, vor allem »die braunen«, mit oder ohne Kalorien.

Bier, das man frostkalt serviert, entspricht meist dem europäischen Hellen. Man findet aber auch verschiedenste ausländische Sorten, die entweder eingeführt oder im Lande unter Lizenz gebraut werden.

New York produziert zudem – wer hätte das gedacht – einige annehmbare Weine, doch die kalifornischen, vor allem die weißen, sind wesentlich besser. Sie werden vielerorts auch glasweise oder in Karaffen als »house wine« angeboten. Auf den Getränkekarten findet man außerdem preislich angemessene französische und italienische Tropfen.

Seit die Amerikaner den Wein entdeckt haben, sind harte Getränke ein wenig aus der Mode geraten. Keineswegs aber die Cocktail-Stunde! *Dry martinis* (Gin und ein paar Tropfen trockenen Wermut) beweisen das gestandene Mannsbild. Bourbon, der Whisky vornehmlich aus Kentucky, wird aus Mais, Malz und Roggen distilliert; man trinkt ihn pur, *on the rocks* (mit Eiswürfeln) oder *with soda* (Mineralwasser).

STEAK-TERMINOLOGIE

Ein Steak gleicht vielleicht dem anderen, doch wer kennt die Fachausdrücke?

Das zarte »New York cut«, auch *sheet* oder *strip steak* genannt, stammt (wie es sich gehört) aus einem Filetstück. Das »London broil« haben nicht die Pilgerväter über den Atlantik gebracht, sondern es ist ein rein amerikanisches Lendensteak oder Rundstück ohne Fasern. Und auch beim »Swiss steak« braucht man nicht gleich zu jodeln: es ist lediglich geschmortes Rindfleisch mit Zwiebeln und Tomatensoße. Wer ein »Minute steak« bestellt, sollte besser seine Uhr im Auge behalten als zeitlich über den Daumen peilen. Ein »Club steak« ist ein einfaches Rippenstück.

Preise

Abendessen sind im allgemeinen kostspieliger als gleichwertige Mittagsmahlzeiten. Man kann nur einen Salat bestellen, wenn einem der Sinn danach steht, aber manchmal wird ein Mindestverzehr verlangt. Meist fährt man mit einem *special* (Tagesgericht) am besten. In vielen Lokalen läßt man das Trinkgeld auf dem Tisch, die Rechnung bezahlt man an der Ausgangskasse.

BERLITZ-INFO

INHALT

Anreise	100	Konsulate	112
Ärztliche Hilfe	100	Maße und Gewichte	112
Autoverleih und Autofahren	101	Notfälle	112
Babysitter	103	Öffentliche Verkehrsmittel	112
Besichtigungszeiten	103	Polizei	114
Bootsrundfahrten	103	Post, Telegramm, Telefon	115
Camping	103	Radio und Fernsehen	116
Diebstahl und Verbrechen	104	Reklamationen	116
Drogen, Alkohol, Rauchen	104	Sprache	116
Fahrradverleih	105	Stadtpläne	117
Flughäfen	105	Stromspannung	117
Fotografieren	107	Taxis	117
Fremdenführer	107	Theater- und Konzertkarten	118
Fremdenverkehrsämter	107	Toiletten	118
Friseur	108	Trinkgelder	119
Fundsachen	108	Trinkwasser	119
Geldangelegenheiten und Preise	108	Uhrzeit und Datum	119
		Unterkunft	119
Gesetzliche Feiertage	110	Wäscherei und Reinigung	120
Gottesdienste	111	Zeitungen und Zeitschriften	121
Klima und Kleidung	111	Zoll und Paßformalitäten	121

PRAKTISCHE HINWEISE VON A BIS Z

ANREISE. Von Großflughäfen im deutschsprachigen Raum, wie etwa Frankfurt am Main oder Zürich, ist es heute beinahe nur noch ein »Katzensprung« in die Neue Welt: Nonstop-Flüge gibt es jeden Tag, und auch von Österreich aus besteht eine tägliche Verbindung über Frankfurt am Main. An Pauschalreisen, Charterflügen usw. nach New York mangelt es ebenfalls nicht.

Wer sich bereits in einem anderen Teil der USA oder in Kanada aufhält und einen Abstecher nach New York machen möchte, kann sich jeden Tag in ein Flugzeug, einen Bus oder in einen Zug nach NYC setzen.

Flugverbindungen gibt es wenigstens einmal täglich aus jeder Stadt eines Bundesstaates der USA und von Toronto und Montreal, außerdem bestehen von den Großstädten des Landes aus sogar Tagesflüge im Stundentakt nach New York.

Im Busverkehr bieten z.B. die Greyhound Trailways Bus Lines recht günstige Bedingungen. Aus dem Süden oder Mittelwesten kann man auch Bus-Pauschalreisen buchen, Unterkunft, Verpflegung, Besichtigungen usw. inbegriffen.

Von der Küste im Westen bis zum Atlantik-Gestade im Osten rollen außerdem Amtrak-Züge »mit allem Drum und Dran«. Bei dieser Eisenbahn-Gesellschaft läßt sich auch die Unterkunft in New York im voraus buchen.

ÄRZTLICHE HILFE. Siehe auch NOTFÄLLE. Erkundigen Sie sich vor Antritt der Reise, ob Ihre Krankenkasse auch Auslandsschutz für die USA bietet; wenn nicht, empfiehlt sich eine Urlaubskrankenversicherung für die Dauer des Aufenthalts in den Vereinigten Staaten. Zum anderen können Touristen auch zusätzliche Kurzzeit-Versicherungen für Reisen innerhalb des Landes in entsprechenden Büros abschließen oder aus Automaten in nahezu allen Flug-, Bus- und Eisenbahn-Terminals im Lande »ziehen«.

Außer in Notfällen erkundigen sich Auslandsbesucher am besten bei ihrem Konsulat nach einer Liste von Ärzten in New York. In wirklich dringenden – ob medizinischen oder anderweitigen – Fällen hilft meist die Telefon-Vermittlung weiter.

Apotheken *(drugstore* oder *pharmacy)* – die meisten Medikamente sind rezeptpflichtig – gibt es in ausreichender Zahl, doch nur eine Apotheke in Manhattan-Mitte ist jeden Tag rund um die Uhr geöffnet:

Kaufman's Pharmacy, Lexington Avenue/East 50th Street; Tel. 755-2266.

PRAKTISCHE HINWEISE

AUTOVERLEIH *(car rental oder hire)* **UND AUTOFAHREN**. Man kann bereits auf dem Flugplatz ein Auto mieten, ebenso bei den zahlreichen Agenturen in der Stadt (die im Branchen-Fernsprechbuch – Gelbe Seiten – unter *Automobile Renting & Leasing* zu finden sind). Die Preisunterschiede sind erheblich, und bei sorgfältigem Vergleich läßt sich eine Menge Geld sparen. Möchten Sie andererseits schon am Flughafen in ein bestimmtes Modell einsteigen, sollten Sie es von zu Hause aus durch eine internationale Verleihfirma im voraus buchen. Die meisten Verleiher bieten Wochenendtarife, Pauschalen mit unbegrenzter Kilometerzahl oder in manchen Fällen die Möglichkeit, den Wagen an einem anderen Ort zurückzugeben.

Die Leihwagen verfügen nahezu ausnahmslos über automatisches Getriebe und Klimaanlage *(air conditioning)*. Wer ein weniger aufwendiges Modell fahren möchte, sollte es bei einer Agentur wenigstens eine Woche im voraus bestellen. Vorausbuchungen von einigen Tagen sind vor allem für die Wochenenden von Mitte Mai bis Mitte September ratsam.

Zum Mieten eines Autos muß man normalerweise zumindest 21 Jahre alt sein, und am besten besorgt man sich vorher beim heimischen Straßenverkehrsamt einen internationalen Führerschein, da er für den Fall eines Falles eine englische Übersetzung enthält. Und beim Bezahlen sehen die Verleiher am liebsten eine Kreditkarte.

Möchten Sie auf billige Art den ganzen Kontinent durchqueren, dann erkundigen Sie sich nach der Überführung von Privatwagen zu bestimmten Zielen *(auto-drive-away)*; Voraussetzungen: Referenzen in den USA, Hinterlegung einer Kaution, außer vollem Tank bei Abfahrt trägt der Fahrer alle Kosten selbst. Auskünfte erteilt die Autodrive-away Co., 264 West 35th Street, New York, NY 10001; Tel. 967-2344.

Ich möchte (für morgen) einen Wagen mieten.	**I'd like to rent a car (tomorrow).**
für einen Tag/eine Woche	**for one day/a week**
Bitte mit Vollkasko.	**Please include full insurance.**
Kraftfahrzeugpapiere	**car registration papers**

Verkehrsverhältnisse. In der City sind Taxi, Bus oder U-Bahn stets die bessere Lösung. Wer unbedingt selbst fahren *muß*, hat bestimmte Vorschriften zu beachten: 30 mph (48 km/h) Höchstgeschwindigkeit innerhalb der Stadtgrenzen (falls nicht anders angezeigt); Hupen ist generell verboten; Anlegen der Sicherheitsgurte ist Pflicht im Staate New York. Und überprüfen Sie vor allem Ihren Versicherungsschutz; falls Sie selbst einen Unfall verursachen, haben Sie mit einer hohen Geldbuße zu rechnen.

PRAKTISCHE HINWEISE

Parken *(parking)*. In der City gibt es eine beachtliche Zahl an Parkplätzen (die auf den Gelben Seiten des Telefonbuchs unter *Parking Stations & Garages* aufgelistet sind), und man steuert einen davon am besten sofort an, denn eine Abstellmöglichkeit am Straßenrand ist kaum zu finden. Wenn Sie doch Glück haben, sind noch die Parkvorschriften zu beachten: niemals in unmittelbarer Nähe eines Feuerhydranten, niemals die erlaubte Parkzeit überschreiten – sonst wird Ihr Fahrzeug mitunter abgeschleppt, und das ist eine kostspielige Angelegenheit.

Fernstraßen, Brücken und Tunnels *(highway, bridge, tunnel)*. Für die verschiedenen autobahnähnlichen Straßen bestehen mehrere Bezeichnungen. Manche sind – mit Ausnahme der *expressways* (Schnellstraßen) – gebührenpflichtig. *Toll highways* (mit Gebühren) heißen auch *thruways*, *parkways* oder *turnpikes*. Halten Sie stets Kleingeld bereit, denn an den meisten Gebührenschranken wirft man die abgezählten Münzen einfach in einen Korb, und man braucht nicht zu warten. Die zulässige Höchstgeschwindigkeit auf den meisten *highways* beträgt 55 mph (88 km/h), und es wird strikt auf Einhaltung geachtet.

In New York gibt es 65 Brücken; für viele sind Gebühren zu zahlen. *Tolls* werden auch für die Tunnel nach Manhattan erhoben.

Benzin *(petrol)*. In der City sind Tankstellen selten; sie sind jedoch oft abends und an Sonntagen geöffnet.

Pannen und Versicherung *(breakdown; insurance)*. Der Automobile Club of New York (ACNY), ein Zweig der American Automobile Association (AAA), hilft auch Mitgliedern von ausländischen Klubs. Bei Pannen und ähnlichen Problemen wendet man sich an den *Emergency Road Service*; Tel. 757-3356, oder wartet auf die nächste vorbeikommende Polizeistreife.

ACNY: 1881 Broadway; Tel. 586-1166.
AAA: 28 East 78th Street; Tel. 586-1166.

Bei der AAA sind auch Informationen zu Reisen in den USA und Kurzzeit-Versicherungen für Besucher von einem bis zu zwölf Monaten erhältlich:

AAA World Wide Travel, AAA Drive, Heathrow, FL 32746-5063, Tel. 1-407-444-7000).

Verkehrszeichen. Man sieht etliche international bekannte Symbole, aber manchmal auch nur folgende Beschriftungen auf Schildern:

Divided highway	Zweispurige Fahrbahn	**Detour**	Umleitung
No passing	Überholverbot	**Railroad crossing**	Bahnübergang
No parking along highway	Autobahn-Parkverbot	**Roadway**	Landstraße
		Traffic circle	Kreisverkehr
		Yield	Vorfahrt beachten

PRAKTISCHE HINWEISE

BABYSITTER. Man kann Ihnen sicherlich am Hotelempfang einen Babysitter-Dienst empfehlen, andernfalls schlagen Sie im Branchenverzeichnis des Telefonbuchs nach. Die Baby Sitters' Guild kann Ihnen gewöhnlich kurzfristig eine zuverlässige Person vermitteln, doch man ruft am besten bereits morgens oder am frühen Nachmittag an. Berechnet werden eine Mindeststundenzahl und die Fahrtkosten des Babysitters.

The Baby Sitters' Guild, 60 East 42nd Street; Tel. 682-0227.

BESICHTIGUNGSZEITEN. Die Besichtigungszeiten sind bei den einzelnen Sehenswürdigkeiten jeweils aufgeführt. Ansonsten finden Sie sie in den großen Zeitungen oder in speziellen Publikationen, siehe ZEITUNGEN und ZEITSCHRIFFEN.

BOOTSRUNDFAHRTEN *(boat excursions)*. Auf den Touren zu Wasser rund um Manhattan bieten sich prächtige Ausblicke auf die City.

Die dreistündigen Rundfahrten der Circle Line starten am Pier 83 am Westende der 43rd Street von März bis Dezember, und am South Street Seaport kann man zu einem 90minütigen kommentierten Ausflug an Bord eines nachgebauten Raddampfers der Seaport Line Harbor Cruises gehen. Oder schauen Sie sich Manhattan auf einer 75minütigen Tour von einem Katamaran aus an, der am Pier 11 gleich in der Nähe des Endes der Wall Street ablegt. Und das ganze Jahr über kann man die Fähre ab Battery Park zur Freiheitsstatue und Ellis Island besteigen. Die Fähre nach Staten Island (ebenfalls ab Battery Park) zu nehmen, lohnt sich wegen des grandiosen Blicks auf Manhattan und die *Statue of Liberty*.

Wo fährt das Boot (die Fähre) nach ... ab?	**Where's the boat (ferry) to ... ?**

CAMPING. In New York City selbst gibt es keine Campingplätze, doch einige wenige (wie Hither Hills in Montauk) sind auf Long Island und im Hudson River Valley zu finden. Sie öffnen meist im Mai und schließen im September oder Oktober. Im Juli und August sollte man einen Platz im voraus reservieren lassen. Eine Broschüre über Campingmöglichkeiten im Staat New York ist erhältlich bei:

New York Department of Commerce, Division of Tourisme, 1 Commerce Plaza, Albany, NY 12245.

Innerhalb der Staatsgrenzen kann man gebührenfrei unter der Nummer 1-800-342-3810 anrufen; aus anderen Staaten wählt man (gegen Gebühr) 1-518-474-4116.

Karten und Informationen zu Wander- und Campinggelegenheiten in den Adirondack und Catskill Forest Preserves (Naturschutzgebiete) bekommt man unter folgender Adresse:

Bureau of Forest Recreation, New York State Department of Environmental Conservation, 50 Wolf Road, Albany, NY 12233; Tel. 1-518-457-2500.

DIEBSTAHL und VERBRECHEN *(theft; crime)*. Die Verbrechensrate in New York ist bekanntlich hoch; es wird viel gestohlen, und Touristen sind stets lohnende Ziele für Überfälle. Doch mit einigen einfachen Vorsichtsmaßnahmen lassen sich die Risiken verringern.

Falls Sie einmal trotz aller Vorsicht überfallen werden, sollten Sie nicht den Helden spielen; lassen Sie sich lieber »ausplündern«. Wenden Sie sich dann umgehend an die Polizei (Tel. 374-5000 oder 911 in Notfällen): Ihre Versicherung (bei gestohlenem Paß Ihr Konsulat) wird eine Kopie des Polizeiprotokolls verlangen. Bei gestohlenen oder verlorenen Reiseschecks ist umgehend die Aussteller-Bank zu benachrichtigen, damit Auszahlungen darauf sofort gestoppt werden können.

Ich habe einen Diebstahl anzuzeigen. **I want to report a theft.**

DROGEN *(drugs)*, **ALKOHOL, RAUCHEN.** Jeglicher Besitz von Drogen – ob leichte oder harte – wird gewöhnlich als Delikt (mit möglicher Gefängnisstrafe) betrachtet. Für Ausländer kann dies die Ausweisung aus den USA (unter Umständen auf Lebenszeit) bedeuten – von horrenden Geldstrafen ganz abgesehen.

Alkohol wird meist nur in Läden verkauft, die eine besondere Erlaubnis dazu haben. Bier kann man in Manhattan in lizensierten Supermärkten und Lebensmittelläden erstehen. In kleinen Restaurants, die nicht über die kostspielige Alkoholausschank-Lizenz verfügen, darf man gewöhnlich auch seine eigene Flasche Wein mitbringen.

Meist sind die Alkoholläden *(liquor stores)* bis 21 oder 22 Uhr, manchmal auch bis Mitternacht geöffnet. Sonntags sind sie geschlossen (Bier gibt es sonntags erst ab Mittag). Ein weiteres Überbleibsel aus der Prohibitonszeit ist das Gesetz, daß man in der Öffentlichkeit nur aus mit Einkaufstüten kaschierten Flaschen (oder Bierdosen) trinken darf. Und für einen kräftigen Schluck muß man wenigstens 21 Jahre alt sein.

Rauchen. Die Zigaretten-Preise sind je nach Einkaufsquelle verschieden. Ein Päckchen aus einem Automaten ist stets weitaus teurer als im Supermarkt oder an einem Zeitungsstand.

PRAKTISCHE HINWEISE

An Pfeifentabak, ob einheimische oder Importgewächse, ist die Auswahl ebenfalls umfangreich, doch nach den berühmten Kubablättern wird man in den USA vergeblich Umschau halten.

Die vorstehenden Hinweise sind jedoch nur mehr oder weniger Theorie: Das allgemeine Rauchverbot an öffentlichen Orten, wie unter anderem in U-Bahn-Zügen und -Stationen, weitet sich in den USA immer mehr aus. In New York sind Restaurants mit Raucher- und Nichtraucher-Abteilungen keine Seltenheit mehr, und in manchen ist »blauer Dunst« gänzlich untersagt.

FAHRRADVERLEIH *(bicycle rental* oder *hire)*. Eine Radfahrt durch den Central Park ist eine angenehme Abwechslung von der Hektik der Stadt. Verleihfirmen von Zweirädern findet man auf den Gelben Seiten des Telefonbuchs unter *Bicycles-Dealers, Repairers & Rental*.

FLUGHÄFEN *(airport)*. Die New Yorker Hauptflughäfen sind: John F. Kennedy International Airport (JFK), LaGuardia Airport (LGA) und Newark International Airport (EWR). Im internationalen Flugverkehr wird meist JFK angeflogen – wo man vor der Landung zu Spitzenzeiten auch manchmal noch eine Weile gratis über New York kreisen darf.

Bei der Einreise aus dem Ausland hat man zunächst seinen Reisepaß und die *Immigration card* einem Beamten der Einwanderungsbehörde vorzulegen, der Ihnen für die Dauer Ihres Aufenthalts ein Visum an den Paß heftet (das bei der Ausreise wieder abgenommen wird). Nachdem Sie Ihr Gepäck vom Förderband genommen haben, gehen Sie damit durch den grünen (nichts zu verzollen) oder roten Ausgang, an dem Sie Ihr Zollformular dem Kontrollbeamten übergeben.

Flughafentransport. Zwischen den Flughäfen und zu den Hotels und Büros in Manhattan-Stadtmitte fahren bequeme Mini-Busse verschiedener Firmen, doch dieser »Von-Haus-zu-Haus«-Zubringerdienst mit mehreren Fahrgästen ist teurer als die fahrplanmäßigen Fahrdienste – erkundigen Sie sich an Ihrem Terminal am *Ground Transportation*-Schalter nach den Tarifen. Man kann auch in eine (kostspielige) Limousine mit Chauffeur einsteigen. Zu Informationen über Taxis siehe ÖFFENTLICHE VERKEHRSMITTEL. Busverbindungen bestehen zwischen allen drei Flughäfen.

Wer seine Maschine bei der Abreise rechtzeitig erreichen will, sollte daran denken, daß Busse und Taxis zu den Hauptverkehrszeiten bis zur doppelten Fahrzeit bis zum Flughafen benötigen. Wenn Sie mit dem Bus fahren, unterrichten Sie den Fahrer am besten vorher über Ihre Fluglinie, damit er Sie gleich am richtigen Terminal aussteigen läßt.

PRAKTISCHE HINWEISE

Für Einzelheiten (vom Tonband) über den Transport zu (und von) den drei Flughäfen kann man die (gebührenfreie) Nummer der Port Authority wählen: 1-800-AIR-RIDE.

Vom **Kennedy Airport** verkehren von allen Terminals jede halbe Stunde Carey-Transportation-Schnellbusse zum Fahrkartenbüro dieser Gesellschaft an 125 Park Avenue zwischen East 41st und 42nd Street (gegenüber vom Grand Central Terminal) und weiter zum Air TransCenter im Port Authority Terminal (Eighth Avenue/West 42nd Street). Von Grand Central gelangt man mit einem gesonderten Pendel-Zubringerdienst zu den größeren Hotels in Midtown Manhattan. Für die rund 24 km lange Fahrt von und zu JFK muß man (von den Stoßzeiten abgesehen) mit 60 bis 75 Minuten rechnen.

Auch ein regelmäßiger Hubschrauberdienst (New York Helicopter) im Abstand von 20 Minuten verbindet JFK (TWA International Terminal) mit dem Heliport am East River in der east 34th Street. Einige Fluggesellschaften bieten diesen Service kostenlos oder zu verbilligten Preisen – Näheres erfahren Sie bei Ihrem Reiseunternehmen.

Der billigste Transportweg (zum Preis eines *token*) ist die Subway. Man nimmt gleich von welchem JFK-Terminal den Pendelbus zur Station Howard Beach, und von dort aus bringt Sie die Linie A zu Haltestellen in Downtown, Midtown und an der Upper West Side, Port Authority Bus Terminal inbegriffen.

LaGuardia Airport wird ebenfalls von Carey-*Coaches* angesteuert. Sie fahren alle 20 Minuten zu den gleichen Zielen in Midtown wie die JFK-Busse. Die Fahrt dauert 45 Minuten – soweit es der Verkehr zuläßt.

Auch Schnellbusse verbinden den Flughafen mit der U-Bahn-Station 21st Street–Queensbridge, in der man mit einem Zug Q oder B die Innenstadt erreicht.

Ein *Pan Am Water Shuttle*, ein Pendelschiff der gleichnamigen Fluggesellschaft, rauscht vom LaGuardia's Marine Air Terminal den East River bis zu East 34th Street und Pier 11 hinunter, gleich südlich der Wall Street. Den Fahrplan erfährt man (gebührenfrei) über Tel. 1-800-54-FERRY.

Vom **Newark Airport** gehen die New-Jersey-Transitbusse alle 15 bis 30 Minuten von jedem Terminal auf die Reise zum Port Authority Bus Terminal (Manhattan). Falls der Lincoln-Tunnel nicht gerade »verstopft« ist, dauert die rund 25 km lange Anfahrt »nur« 30 bis 45 Minuten. Man kann auch einen Airlink-Bus zur Newark Penn Station (15 bis 30 Minuten Fahrzeit) und von dort aus einen Jersey-Transit- oder einen Amtrak-Zug zur New Yorker Penn Station (Madison Square Garden) oder die PATH- (Port Authority Trans-Hudson) Eisenbahn zur Sixth Avenue/West 33rd Street oder bis zum World Trade Center in Downtown Manhattan nehmen.

Bei Olympia Trail Airport Express laufen ebenfalls Flughafen-Schnellbusse. Sie verlassen die Terminals alle 20 bis 30 Minuten nach Manhattan-Innenstadt in der West 34th Street (nahe der Penn Station) und zur Park Avenue/East 41st Street (beim Grand Central Terminal) sowie zu 1 World Trade Center (beim West-Street-Eingang). Die Anfahrtszeit in die Innenstadt beträgt zwischen 30 und 65 Minuten, nach Downtown zwischen 20 und 45 Minuten.

Duty-free-shops führen ein umfangreiches Warenangebot. Einkäufe werden unmittelbar an Ihr *departure gate* weitergereicht, wo Sie die Artikel vor Besteigen Ihrer Maschine in Empfang nehmen können. Viele »Zollfreiläden« nehmen eine halbe Stunde vor Abflug keine Bestellungen mehr an.

FOTOGRAFIEREN. In Discount-Läden sind alle gängigen Fimsorten und Fotozubehör weitaus billiger erhältlich.

Die Gepäck-Durchleuchtungsapparate an den Flughäfen können normalen Filmen gewöhnlich nichts anhaben, doch sollte man empfindliches Material von Hand überprüfen lassen und vorsichtshalber jeden Film in einem Isolierbeutel schützen.

In Fotofragen wird Sie das Personal im Nikon House jederzeit gern beraten. Und wer schon einmal an Ort und Stelle ist, kann sich gleich auch die laufende Fotoausstellung an der 620 Fifth Avenue (Tel. 586-3907) anschauen.

Für Amateure wie Profis der Fotokunst ebenso interessant ist ein Besuch im International Center of Photography, 1130th Fifth Avenue/East 94th Street; Tel. 860-1777.

Das ICP hat auch ein Zweigmuseum, das International Center of Photography Midtown, 1133 Avenue of the Americas/West 43rd Street; Tel. 768-4680.

FREMDENFÜHRER *(guides)*. Zahlreiche Veranstalter bieten organisierte Touren und Spezial-Exkursionen (Hubschrauberflüge, Nachtklubbummel, Ausflüge zu historischen Stätten usw.). Einen Fremdenführer für sich allein kann man auch anheuern. Einzelheiten erfährt man beim New York Convention & Visitors Bureau, 2 Columbus Circle, New York, NY 10019; Tel. 397-8222.

FREMDENVERKEHRSÄMTER *(tourist information office)*. Das *New York Convention & Visitors Bureau* ist eine gemeinnützige Organisation, die von Hoteliers und Geschäftsleuten subventioniert wird. Hier erhalten

PRAKTISCHE HINWEISE

Sie Stadtpläne und Prospekte zu den hauptsächlichen Touristen-Attraktionen, eine Hotel-Preisliste und jede andere gewünschte Information für Besucher. Die Adresse:

2 Columbus Circle, New York, NY 10019; Tel. 397-8222.

Öffnungszeiten: werktags 9–18 Uhr, Samstag und Sonntag 10–18 Uhr.

Die *Travelers' Aid Society* (158 West 42nd Street; Tel. 944-0013) hilft Reisenden in nahezu allen Situationen weiter, und zwar mit Rat und Tat, selbst mit Taschengeld, wenn es unbedingt sein muß.

Der *Automobile Club of New York* (ACNY) gibt Auskunft für alles, was das Autofahren in den USA betrifft. Hier erhält man auch Tips, wie man mit öffentlichen Verkehrsmitteln ans Ziel gelangt (Tel. 757-2000).

Wer sich bereits vor der Abreise informieren und Unterlagen über USA-Reisen haben möchte, wendet sich an:

Fremdenverkehrsamt der USA, Bethmannstr. 56, D – 6000 Frankfurt am Main; Tel. (069) 29 52 11.

FRISEUR *(hairdresser; barber)*. Barbers für Herren gibt es genug, aber auch bei den *hairdressers* für Damen sind männliche Kunden gewöhnlich willkommen. Während der Woche werden Sie fast überall sofort bedient, sonnabends ist jedoch eine Voranmeldung angeraten.

FUNDSACHEN *(lost property)*. Jedes Transportsystem hat sein eigenes Fundbüro. Es ist beruhigend zu wissen, daß sich selbst in New York täglich Dutzende von Gegenständen, mitunter auch Wertsachen bei den folgenden Adressen ansammeln:

New York City Transit Authority (NYCTA) Lost Property Office (U-Bahn- und Busnetz); Tel. 1-718-625-6200.

NYC Taxi & Limousine Commission Lost Property; Tel. 1-718-840-4734.

GELDANGELEGENHEITEN und PREISE

Währung *(currency)*. Der Dollar (abgekürzt $ und umgangssprachlich auch *buck* genannt) ist in 100 Cents (abgekürzt ¢) eingeteilt.

Münzen: 1¢ *(penny)*, 5¢ *(nickel)*, 10¢ *(dime)*, 25¢ *(quarter)*, 50¢ *(half-dollar*; selten) und $1 (ebenfalls selten).

Scheine: $1, $5, $10, $20, $50 und $100. Alle Banknoten haben die gleiche Größe und die gleiche schwarze und grüne Farbe, und deshalb sollten Sie sie sich vielleicht zweimal anschauen, bevor Sie sie ausgeben.

Für Devisenbeschränkungen siehe ZOLL und PASSFORMALITÄTEN.

PRAKTISCHE HINWEISE

Banken und Geldwechsel *(bank; currency exchange)*. Die meisten Banken sind werktags 9–15 Uhr (donnerstags oft bis 18 Uhr) geöffnet.

Vergessen Sie nicht, falls Sie an einem Wochenende ankommen, vorher an den noch geöffneten Schaltern im Flughafen ein wenig Geld einzutauschen. Im Hotel bekommen Sie bei eventueller Umtauschmöglichkeit sicherlich einen weniger günstigen Kurs.

Banken tauschen gewöhnlich nur kleine Beträge ein. Und denken Sie auch daran, daß nur wenige Banken, wie etwa die Citibank, ausländisches Geld einwechseln. Deshalb sollte man sich stets rechtzeitig mit Bargeld (abgesehen von den ein bis zwei Reiseschecks in der Tasche) eindecken. Es gibt jedoch eine Reihe von Firmen, die auf den Umtausch von Auslandswährungen spezialisiert sind; man findet sie auf den Gelben Seiten des Telefonbuchs unter dem Titel *Foreign Money Brokers and Dealers*.

Sorgen Sie ebenfalls dafür, daß Sie stets einen ausreichenden Vorrat an $1-Scheinen (für Taxis, Brückengebühren, Trinkgelder usw.) bei sich haben – sie erweisen sich schnell als unentbehrlich.

Kreditkarten *(credit card)*. Beim Bezahlen spielen Kreditkarten eine weitaus größere Rolle als (bis jetzt) in Europa. Die hauptsächlichen Karten werden beinahe überall wie Bargeld akzeptiert. Beim Einkaufen oder Begleichen von Dienstleistungen, Hotel- und Restaurantrechnungen inbegriffen, wird man Sie fragen: *»Cash or charge?«*, d.h. ob Sie bar oder mit Plastikgeld zahlen möchten.

Reiseschecks *(traveller's check)*. Schecks, die auf amerikanische Banken ausgestellt sind, sind wesentlich leichter einzulösen als andere. Lassen Sie sich immer nur kleinere Beträge Bargeld auszahlen und den Rest der Schecks nach Möglichkeit im Safe Ihres Hotels aufbewahren. Für den Fall eines Verlustes oder Diebstahls ist es außerdem ratsam, die Quittungen der eingelösten Schecks und die Liste mit den Seriennummern getrennt von den Schecks aufzuheben.

Umsatzsteuer *(sales tax)*. Machen Sie sich schließlich auf Staats- und Stadtsteuern von insgesamt $8^1/4$% gefaßt, die auf eingekaufte Waren – auch Restaurant-Mahlzeiten zählen dazu – aufgeschlagen werden.

Preise

Damit Sie sich bereits eine Vorstellung von den Kosten in den USA machen können, sind nachstehend einige *Durchschnittspreise* in der Landeswährung ($) angegeben. Billiger wird auch hier kaum etwas.

Ausflüge und Rundfahrten. Bus-Stadtrundfahrt $14–33; Circle-Line-Bootsrundfahrt um Manhattan $15, Kinder unter 12 Jahren $7,50; Stadtrundgang $1–15 pro Person; Tagesausflug nach Atlantic City $20–25.

PRAKTISCHE HINWEISE

Autoverleih. Je nach Firma und Jahreszeit bestehen beträchtliche Preisunterschiede. Die von vielen Verleihen angebotenen günstigeren Wochentarife sind nur bei einwöchiger Vorausbuchung gültig. Es lohnt sich, Preisvergleiche anzustellen.

Babysitter. $10–12,50 pro Stunde (Minimum 4 Stunden) für 1 Kind, zusätzlich Fahrtkosten ($4,50 bis Mitternacht, später $7).

Bus. Einheitstarif pro Fahrt $1,15 (mit Umsteigen auf bestimmten Linien; beim Bezahlen erkundigen). Und Kleingeld oder *token* bereithalten.

Fahrradverleih. $4–7 pro Stunde (je nach 3- oder 10-Gang-Schaltung), $18–27 pro Tag, Kaution $20.

Flughafentransport. Taxi (ohne *tolls* und *tip*) von JFK bis Manhattan rund $30, ab LaGuardia $23, ab Newark International Airport $35; Bus ab JFK bis Grand Central Terminal oder Port Authority Bus Terminal (Air TransCenter) $9,50, ab LaGuardia $ 7,50, ab Newark International Airport bis Port Authority oder World Trade Center $7, bis Newark-Mitte $4.

Friseur. Damen: Schneiden und Fönen $18 und mehr, Waschen und Legen oder Fönen ab $12; Herren: Schneiden und Fönen in einem »Barbiersalon« $10 und mehr, beim »Coiffeur« ab $20.

Hotel (für zwei Personen pro Nacht, Steuer nicht inbegriffen). Sparklasse *(budget)* bis zu $100, Mittelkategorie $100–200, Luxusklasse $200–700.

Jugendherberge (YMCA, pro Nacht). Doppelzimmer $42–52, Einzelzimmer $28–44; New York International AYH-Hostel ungefähr $20 pro Person.

Mahlzeiten und Getränke (ohne Steuern). Frühstück $5 und mehr; Mittagessen in einer Snackbar ab $7, im Restaurant $12 und mehr, Abendessen wenigstens $18; Glas Wein ab $2,50, Flasche $15 und mehr; Glas Bier ab $2,50, Whisky ab $3,50, alkoholfreies Getränk ab $1,50; Kaffee $1 und mehr.

Taxi. Grundgebühr $1,50, jede weitere 1/5 Meile (etwa 300 m) 25¢; 25¢ für 75 Minuten Wartezeit und Nachtzuschlag 50¢ (20–6 Uhr).

U-Bahn. *Token* $1,15.

Unterhaltung. Kino $6–7; Broadway-Theater $25–60, Off-Broadway-Vorstellungen $10–40; Ballett, Konzert $5–45; Nachtklub $5–50.

GESETZLICHE FEIERTAGE *(public holiday)*. Die New Yorker Banken und meisten Geschäfte sind an den nachstehenden Feiertagen geschlossen.

PRAKTISCHE HINWEISE

1. Januar	*New Year's Day*	Neujahr
3. Montag im Januar	*Martin Luther King Day**	Tag zu Ehren Martin Luther Kings
3. Montag im Februar	*President's Day**	Tag des Präsidenten
Letzter Montag im Mai	*Memorial Day*	Totengedenktag
4. Juli	*Independence Day*	Unabhängigkeitstag
1. Montag im September	*Labor Day*	Tag der Arbeit
2. Montag im Oktober	*Columbus Day**	Kolumbus-Tag
11. November	*Veterans' Day**	Veteranentag
4. Donnerstag im November	*Thanksgiving Day*	Erntedanktag
25. Dezember	*Christmas Day*	Weihnachten

* Einhaltung nur teilweise oder nach Belieben

Haben Sie morgen geöffnet? **Are you open tomorrow?**

GOTTESDIENSTE *(religious services)*. In New York ist jede nur denkbare Religion vertreten, und nicht nur bekannte Glaubensrichtungen, sondern auch eine beachtliche Zahl ausgefallener Sekten hat hier ihre Andachtsstätten (siehe Gelbe Seiten des Telefonbuchs von Manhattan unter *Churches*). Eine Liste der wichtigsten Kirchen hängt meist auch am Hotelempfang aus.

KLIMA UND KLEIDUNG *(climate and clothing)*. Wegen der heißen Sommer sind die angenehmsten Jahreszeiten für einen NYC-Besuch Frühling (April/Mai) und Herbst (September/Oktober).

Die nachstehende Tabelle zeigt Ihnen die durchschnittlichen Tages-Höchst- bzw. Niedrigsttemperaturen je Monat (in Celsius-Graden) an:

	J	F	M	A	M	J	J	A	S	O	N	D
Maximum	3	3	7	14	20	25	28	27	26	21	11	5
Minimum	−4	−4	−1	6	12	16	19	19	16	9	3	−2

Kleidung. In New York haben Sie extreme Unterschiede von Temperaturen zu bewältigen, nicht nur zwischen den Jahreszeiten, sondern auch zwischen drinnen und draußen. Im Winter werden Sie die Geschäfte als überheizt, im Sommer als unterkühlt empfinden.

Für die Wintermonate ist auf jeden Fall ein warmer Mantel angebracht, doch darunter kann man verschiedene leichtere Sachen anziehen, die man je nach Innentemperatur ablegen kann. Denken Sie an Winterstiefel, eine warme Kopfbedeckung und Handschuhe. Nur Kanadier würden die New Yorker Winter als mild bezeichnen.

Packen Sie, wenn Sie im Sommer reisen, Ihre leichtesten Kleidungsstücke – möglichst aus Naturfasern wie Baumwolle – ein. Die Luft ist so schwül und feucht, daß Sie viel zum Wechseln brauchen. Nehmen Sie aber auch einen Pullover oder eine Strickjacke mit, denn die ungewohnten, teils frostigen Klimaanlagen sorgen nicht selten für eine Gänsehaut. Ins Gepäck gehört auch ein Regenmantel für überraschende Regengüsse.

Im übrigen sind die Amerikaner dafür bekannt, daß sie sich lässig und leger kleiden; in verschiedenen Bars und Restaurants besteht man jedoch, vor allem am Abend, auf Jackett und Krawatte.

KONSULATE

Bundesrepublik Deutschland: 460 Park Avenue; Tel. 308-8700.
Österreich: 31 East 69th Street; Tel. 77-6400.
Schweiz: 757 Third Avenue, 21st Floor; Tel. 421-1480.

MASSE und GEWICHTE. Die USA haben als eines der letzten Länder der Welt das Dezimalsystem noch nicht eingeführt – und ein entsprechendes offizielles Programm steht bisher noch in den Sternen.

Milch und Fruchtsaft kauft man noch in Viertel- oder Halb-Gallonen, aber Wein und Spirituosen gibt es bereits auch in Literflaschen. Auf Lebensmittelpackungen ist das Gewicht gewöhnlich in ounces (abgekürzt oz.) und in pounds (abgekürzt lbs.), aber auch in Gramm angegeben.

NOTFÄLLE *(emergency)*. Folgende Rufnummern sollte man sich merken:

Notdienst-	Notfallarzt	1-718-238-2100
Sammelnummer 911	Notfall-Zahnarzt	679-3966

Die Telefonzentrale unter der Rufnummer »0« kann Sie ebenfalls mit verschiedenen Notdiensten verbinden.

ÖFFENTLICHE VERKEHRSMITTEL

Gratis zu bekommen sind Bus- und U-Bahn-Pläne an den *token*-Schaltern in größeren Stationen, in den Informations-Kiosken im Grand Central Terminal und Port Authority Bus Terminal sowie im New York Convention & Visitors Bureau. Auskunft über Bus- und Subway-Strecken erteilt auch die New York City Transport Authority: Tel. 1-718-330-1234.

Übrigens: Kinder unter 112 cm (!) fahren kostenlos.

PRAKTISCHE HINWEISE

Busse *(bus)*. In Manhattan sind alle öffentlichen Busse numeriert, mit einem »M« vor der Ziffer oder Zahl. Sie folgen entweder den Avenuen (nach Norden der First, Third, Park, Madison, Eighth und Tenth oder nach Süden der Second, Lexington, Fifth, Seventh, Ninth Avenue und dem Broadway) oder durchqueren die Stadt die größeren Straßen entlang (in der Midtown-Gegend von Osten nach Westen über die 49th Street, von Westen nach Osten über die 50th Street, in beiden Richtungen über die 23rd, 34th, 42nd und 57th Street).

Bus-Haltestellen sind nicht leicht auszumachen; man erkennt sie an einem Schild mit einem rotweißen *No standing*-Zeichen, einem blauweißen Bus-Logo und der Bus-Nummer. An manchen Haltestellen gibt es auch Unterstände aus Glas mit *Guide-A-Route*-Streckenkarten und Fahrplänen. Die »Avenue-Busse« halten gewöhnlich an jedem zweiten oder dritten Block, die *Crosstown*-Busse im allgemeinen an jeder Kreuzung mit einer Avenue. Den Fahrern muß man ein Handzeichen zum Anhalten machen.

Man steigt an der Vordertür ein und wirft einen *token* (nur in U-Bahn-Stationen erhältlich) oder das abgezählte Kleingeld (keine Scheine) in einen Kasten neben dem Fahrer. Zum Umsteigen auf eine andere Linie bekommt man kostenlos ein entsprechendes Ticket (beim Einsteigen nur um »*Transfer*« bitten).

U-Bahn *(subway)*. Sie ist das schnellste Transportmittel in New York. Sie verkehrt rund um die Uhr, aber nicht alle Züge fahren zu jeder Zeit. *Tokens* (Fahrkarten in Form von Spezialmünzen) bekommt man an den entsprechenden Schaltern in jedem Bahnhof; doch nachts sind manche Kassen geschlossen, und so kauft man sich am besten gleich eine Handvoll oder eine »10er-Packung« davon. Zu den Stoßzeiten (6–9.30 und 16–19 Uhr) sollte man möglichst nicht die U-Bahn nehmen.

In Manhattan führen die Strecken überwiegend von Norden nach Süden. Bei *Crosstown*-Fahrten muß man vielleicht umsteigen. Wenn Sie nach Einwurf einer der besagten Münzen hinter dem Drehkreuz und im U-Bahn-Streckennetz sind, können Sie zu jedem gewünschten Ziel einsteigen und auch umsteigen, wo Sie wollen. Falls Sie nicht wissen, welche Linie Sie nehmen müssen, können Sie auf der Rückseite der U-Bahn-Karte nachschauen, auf der jede Strecke gesondert markiert ist – oder am Fahrmünzen-Schalter nachfragen. Und wenn Sie nicht ganz sicher sind, daß der Zug auch dort hält, wo Sie aussteigen möchten, nehmen Sie lieber einen *local* als einen *express*; außerdem sind die »Bummelzüge« meist nicht so voll.

Man muß natürlich auch auf Fahrplanänderungen achten und sich über den letzten Stand der jeweiligen Abfahrtszeiten der U-Bahnen informieren.

Tagsüber ist die *subway* im allgemeinen sicher. Warten Sie jedoch nie am Ende des Bahnsteigs auf den Zug, und falls niemand sonst auf dem

Bahnsteig sein sollte, halten Sie sich am besten in Nähe der Kasse auf. Nachts ist es auf jeden Fall sicherer, ein Taxi zu nehmen.

Zug *(train).* Amtrak, die National Railroad Passenger Corporation, bietet *U.S.A. Railpasses* von bestimmter Dauer zu ermäßigten Tarifen. Bei dieser Gesellschaft sind auch verschiedene Pauschalreisen in Verbindung mit Autoverleihfirmen, Busunternehmen und Hotelgruppen erhältlich – selbst sogenannte »*railsail*«-Touren in Verbindung mit Karibik-Kreuzfahrten.

Wer eine der größeren Städte entlang des »Nordost-Korridors« (Boston, Philadelphia, Baltimore, Washington) besuchen möchte, kann sich des Amtrak's *Metroliner Service* mit Luxus-Schnellzügen (New York – Washington in zwei Stunden und 55 Minuten, nach Boston in vier Stunden und 20 Minuten) bedienen; in den Salonwagen mit reservierten Sitzen werden Speisen und Getränke jeweils am Platz serviert, und es gibt auch Abteile zum »Beinelangmachen«. In New York kann man über die (gebührenfreie) Telefonnummer 1-800-523-8720 den Metroliner Service, über 582-6875 alle anderen Amtrak-Dienstleistungen im voraus buchen. Für Reservierungen von anderen Landesteilen aus wählt man die (ebenfalls gebührenfreie) Nummer 1-800-USA-RAIL (oder in Ziffern 1-800-872-7245); die Karte holt man am Bahnhofsschalter ab. Wer in Zügen mit unreservierten Plätzen ohne Fahrkarte »erwischt« wird – obwohl die Schalter am Bahnhof bei Abfahrt geöffnet waren –, hat einen Aufpreis zu zahlen. Kinder unter zwei Jahren reisen kostenlos, von zwei bis zu einschließlich elf Jahren wird der halbe Fahrpreis verlangt.

In New York gibt es drei große Bahnhöfe. Die **Penn** (Pennsylvania) **Station** unter dem Madison Square Garden an West 34th Street/Eighth Avenue dient hauptsächlich dem Fernverkehr und ist auch Pendlerstation für Long Island und New Jersey. In der **Grand Central Station** an der East 42nd Street zwischen Park und Lexington Avenue enden die Vorortzüge. Die **PATH** (Port Authority Trans-Hudson) **-Bahnhöfe** für Züge nach New Jersey liegen unter dem World Trade Center, in der Christopher Street und entlang der Avenue of the Americas.

Wann fährt der nächste Bus/Zug nach…?	**When's the next bus/train to…?**
einfache Fahrt	**one-way**
Hin- und Rückfahrt	**round-trip**

POLIZEI. Haben Sie keine Scheu, einen Polizisten auf der Straße um Auskunft oder Unterstützung zu bitten. Die New Yorker Polizei ist leicht zu erkennen an ihrer blauen Uniform mit den breitschultrigen Jacken und den flachen Schirmmützen. Die Notrufnummer der Polizei ist **911.** Siehe auch Diebstahl und Verbrechen.

PRAKTISCHE HINWEISE

POST, TELEGRAMM, TELEFON

Postämter *(post office)* befassen sich nur mit dem Briefverkehr *(mail)* und sind normalerweise werktags 8–17 Uhr und samstags 9–13 Uhr geöffnet. Das New Yorker General Post Office ist rund um die Uhr dienstbereit.

Briefmarken bekommt man auch am Hotelempfang oder aus Automaten, die oft in öffentlichen Gebäuden oder Schreibwarenläden aufgestellt sind. Automaten-Marken können allerdings teurer als im Postamt sein. Einer der »standardblauen« Briefkästen ist in nahezu jeder Straße zu finden.

Falls Sie noch nicht wissen, wo Sie in New York wohnen werden, können Sie sich Ihre Briefe postlagernd zustellen lassen, und zwar mit folgendem Vermerk:

(Name), General Post Office, General Delivery, 421 Eighth Avenue, New York, NY 10001.

American Express nimmt ebenfalls Briefe für Auslandsbesucher in Empfang (kostenlos für Kreditkarten- und Reisescheckinhaber der Gesellschaft); auf dem Umschlag muß *Client's Mail* stehen.

Diese Post muß innerhalb von 90 Tagen (unter Vorlage eines Ausweises) abgeholt werden.

Eine Briefmarke für diesen Brief/ diese Postkarte, bitte.	**A stamp for this letter/ postcard, please.**

Telegramme, Telex, Fax. Der Telegrafen- und Fernschreibverkehr liegt in den USA in Händen von Privatunternehmen. Die hauptsächlichen Gesellschaften, wie etwa RCA und Western Union (Western Union International für Übersee-Verbindungen), stehen auf den Gelben Seiten des Telefonbuchs unter *Telegraph Companies*. Auslandstelegramme *(cablegrams)* und Fernschreiben können auch vom Hotelzimmer aus (und ziemlich kostspielig) telefonisch aufgegeben werden. Mit einer international anerkannten Kreditkarte haben Sie die Möglichkeit, von jedem öffentlichen Telefonapparat aus Ihre Nachricht (unter entsprechender Belastung der Karte) aufzugeben. Man kann auch gleich zu einem der Fernmeldeämter gehen und bar oder mit Kreditkarte bezahlen. Für Telefax-Übermittlungen schauen Sie auf den Gelben Seiten unter *Facsimile Transmission Service* nach oder Sie suchen ein Schreibwarengeschäft mit dem *Fax Service*-Zeichen auf.

Telefon *(telephone)*. Münzfernsprecher findet man in Hotelhallen, Restaurants, Drugstores, Bahnhöfen, Flug-Terminals, an Tankstellen, auf Bürgersteigen und an den Highways. Telefon-Tarife und Erklärungen dazu einschließlich Informationen zu Gesprächen mit Voranmeldung, R-Gesprächen, *conference-*, *station-to-station-* und Kreditkarten-Anrufen findet man vorn im Telefonbuch auf den Weißen Seiten. Alle Nummern mit der

PRAKTISCHE HINWEISE

vorstehenden Zahl 800 lassen sich gebührenfrei *(toll-free)* anwählen. Nachts, an Wochenenden und an Feiertagen kann man billiger anrufen.

New York hat zwei Vorwahlnummern: 212 für Manhattan und Bronx, 718 für Queens, Brooklyn und Staten Island. Wenn Sie von Manhattan aus (zum Ortstarif) jemanden in Brooklyn anrufen wollen, wählen Sie 1-718 und die Teilnehmernummer.

Ferngespräche werden pro Minute berechnet, und am einfachsten ist die Direkt-Durchwahl, selbst von einer Telefonzelle aus; nach drei Minuten werden Sie von der Vermittlung zum »Gebühren-Nachschub« aufmerksam gemacht. Falls Sie nicht ins Ausland durchkommen sollten: Wählen Sie die »0« und verlangen Sie einen *overseas operator*.

Die internationale Vorwahlnummer für die Bundesrepublik Deutschland ist 011-49, für Österreich 011-43, für die Schweiz 011-41.

Können Sie mich mit dieser Nummer in ... verbinden?	**Can you get me this number in ...?**
Gespräch mit Voranmeldung	**person-to-person call**

RADIO und FERNSEHEN *(radio; television)*. Für Radio- und TV-Berieselung mit reichhaltiger Programmwahl ist in nahezu jedem Hotelzimmer gesorgt, und allein in New York besteht ein »Wellensalat« von rund 60 Radio-Stationen.

Den Fernseher kann man einmal um die Uhr von 6 bis 3 oder 4 Uhr früh laufen lassen. Die landesweiten Sender (Kanäle 2, 4, 5 und 7) und einige Kabelkanäle gönnen sich in ihren Programmen überhaupt keine Pause. Bei Channel 13, dem Public Broadcasting Service, wird man wenigstens nicht mit Kommerz überhäuft. Die hauptsächlichen Nachrichtensendungen laufen um 6 Uhr morgens und 7 Uhr abends.

Eine einschlägige Ausstellung läuft im:

Museum of Broadcasting, 1 East 53rd Street/Fifth Avenue; Tel. 752-7684.

REKLAMATIONEN *(complaints)*. Falls Sie den Eindruck oder den Beweis dafür haben, daß Sie irgendwo preislich übervorteilt worden sind, können – und sollten – Sie sich an folgende Beschwerdestelle wenden:
New York City Department of Consumer Affairs, 80 Lafayette Street, New York, NY 10013; Tel. 577-0111.

SPRACHE *(language)*. Beim New Yorker Akzent bleibt Ihr harterworbenes Schulenglisch – jedenfalls zunächst einmal – auf der Strecke. Doch man braucht nicht gleich zu verzagen, denn selbst Landsleute aus Houston oder

PRAKTISCHE HINWEISE

San Francisco haben auf diesem Gebiet ihre Probleme. Hier nur einige Beispiele:

admission	Eintritt	**pavement**	Straßenbelag
bathroom	Privattoilette	**rest room**	Toilette
bill	Rechnung		(öffentlich)
billfold	Brieftasche	**round-trip**	Hin- und
check	Rechnung		Rückfahrt
	(Restaurant)	**second floor**	1. Etage
elevator	Fahrstuhl	**sidewalk**	Bürgersteig
first floor	Erdgeschoß	**stand in line**	anstehen
gasoline	Benzin	**subway**	U-Bahn
liquor	Spirituosen	**trailer**	Campingwagen
liquor store	Alkoholladen	**underpass**	Unterführung

STADTPLÄNE *(map)*. Einen Stadtplan von Manhattan erhalten Touristen kostenlos im New York Convention & Visitors Bureau (siehe FREMDENVERKEHRSÄMTER). Karten mit dem Liniennetz der öffentlichen Nahverkehrsmittel sind an den U-Bahn-Schaltern erhältlich. Der Falk-Verlag, Hamburg, der die Pläne zu diesem Reiseführer lieferte, gibt auch eine vollständige Reihe von detaillierten New-York-Karten heraus.

STROMSPANNUNG *(electric current)*. In den USA hat man Wechselstrom von 110 Volt. Man braucht also nicht nur für Elektrorasierer und Fön einen Adapter, sondern auch Zwischenstecker für die Steckdosen (die amerikanischen Stecker haben zwei flache Zungen). Und dieses Zubehör besorgt man sich am besten schon vor der Reise.

TAXIS. Es gibt rund 12 000, meist knallgelbe Taxis in New York. An jeder Straßenecke braucht man nur ein bis zwei Minuten zu warten, bis ein freier Wagen (mit beleuchteter Nummer auf dem Dach) vorbeikommt, den man auf Handzeichen herbeiwinken kann; das *Off Duty*-Zeichen heißt »besetzt«.

Die Tarife sind deutlich in schwarz an der Tür angeschlagen. Ein kleiner Aufpreis wird nachts (20–6 Uhr) berechnet, der allerdings nicht auf dem Taxameter erscheint. Auch für Gepäck dürfen die Fahrer einen Zuschlag fordern, aber darüber regen sich die meisten erst gar nicht auf. Und ein eventuell fälligen Tunnel- oder Brücken-»Zoll« haben Sie selbst zu zahlen.

Falls Sie sich über einen Fahrer zu beschweren haben, schreiben Sie seinen Namen sowie die Wagennummer auf und wenden Sie sich an die NYC Taxi and Limousine Commission; Tel. 221-8294.

PRAKTISCHE HINWEISE

Meiden Sie Taxis ohne entsprechendes Schild – und wenn der Fahrpreis noch so niedrig sein mag. Von Gesetzes wegen sind nur die gelben Wagen mit Nummern auf den Dächern dazu berechtigt, Fahrgäste am Straßenrand »aufzulesen«.

Wenn Sie »kribbelig« sind, damit Sie auch rechtzeitig den Flughafen erreichen, wie etwa an einem regnerischen Tag, können Sie einen Wagen bei einer der Privatgesellschaften bestellen, die auf den Gelben Seiten des Telefonbuchs unter *Taxicab Service* aufgeführt sind.

Taxifahrer sind übrigens nicht dazu verpflichtet, größere Banknoten als $5-Scheine zu wechseln (siehe GELDANGELEGENHEITEN). Man gibt dem Fahrer ein Trinkgeld von wenigstens 15% und auch mehr bei Sonderleistungen.

THEATER- und KONZERTKARTEN *(theater/concert ticket)*. Neue oder nahezu neue Broadway-Aufführungen sind meist ausverkauft, vor allem die Musicals. Fragen Sie am Empfang Ihres Hotels: möglicherweise kann man Ihnen dort gegen eine geringe Vermittlungsgebühr noch Karten besorgen. In der Gegend um Broadway/Times Square gibt es zahllose Vorverkaufsstellen, doch kann man es auch selbst an der jeweiligen Theaterkasse versuchen. Agenturen sind auf den Gelben Seiten unter *Ticket Sales – Entertainment and Sport* aufgelistet. Inhaber einer gängigen Kreditkarte können Ihre Tickets telefonisch buchen und sie unter Vorlage dieser Karte an der Theaterkasse abholen.

»TKTS« (Times Square Theatre Center) am Broadway/Ecke West 47th Street ist eine nichtkommerzielle Organisation, die Theaterkarten am Tage der Aufführung zu etwas mehr als dem halben Preis verkauft; Öffnungszeiten: für Nachmittagsvorstellungen (matinées) ab 10 Uhr (sonntags ab mittags), für Abendaufführungen 15–20 Uhr. Gehen Sie frühzeitig hin, denn die Schlange der Anstehenden kann lang sein, doch die Geldersparnis lohnt das Warten. Der TKTS-Schalter im World Trade Center 2 verkauft (werktags 11–17.30 Uhr, Samstag 11–13 Uhr) nur Karten für Abendvorstellungen, und die Warteschlangen sind hier nicht so lang.

Die *Bryant Park Music and Dance Booth* (West 42nd Street/Sixth Avenue) bietet Karten für Konzert- und Ballett-Aufführungen am gleichen Tag zum halben Preis an. Bezahlt wird bar oder mit Reiseschecks. Der Schalter ist täglich von ungefähr 12 bis 19 Uhr geöffnet.

TOILETTEN. »Stille Örtchen« findet man in Restaurants, Museen, Bahnhöfen und großen Geschäften. Manchmal wird für die Benutzung eine Gebühr verlangt, und selbst wenn dies nicht der Fall ist, sollte man der Aufsicht ein Trinkgeld hinterlassen.

Das Wort Toilette umschreiben die Amerikaner züchtig mit Bezeichnungen wie *rest room, powder room, bathroom* (in Privathäusern) und *ladies* oder *men's room*.

TRINKGELDER *(tip)*. Bedienungsgeld ist in Restaurantrechnungen nie inbegriffen, wird aber mitunter gesondert hinzugerechnet. Das übliche Trinkgeld beträgt 15% (und läßt sich leicht ausrechnen, indem man den doppelten Betrag der auf der Rechnung ausgewiesenen 8¼%igen Steuer gibt). Im folgenden einige Anhaltspunkte:

Fremdenführer	10–15%
Friseur	15%
Hoteldiener	$1 (z.B. pro Gepäckstück)
Taxifahrer	15%
Toilettenpersonal	50¢
Zimmermädchen	$1 pro Tag oder $5 pro Woche (nicht bei nur einer Übernachtung)

TRINKWASSER *(water)*. Leitungswasser kann man jederzeit bedenkenlos trinken.

UHRZEIT UND DATUM. Auf dem amerikanischen Kontinent gibt es insgesamt vier Zeitzonen. New York hat die *Eastern Standard Time*, die hinter der Mitteleuropäischen Zeit um 6 Stunden zurück ist. Zwischen April und Oktober gilt auch hier die Sommerzeit *(Daylight Saving Time)*, die Uhren sind also um eine Stunde vorgestellt.

In den USA gibt man (wie in England) die Uhrzeit nicht nach dem 24-Stunden-System an, sondern man bleibt bei den 12 Zahlen des Zifferblattes und fügt *a.m.* (*ante meridiem*, d.h. vor 12 Uhr) oder *p.m.* (*post meridiem*, nach 12 Uhr mittags) hinzu. *10 a.m.* bedeutet somit 10 Uhr, *10 p.m.* 22 Uhr.

Daten schreibt man ebenfalls anders als in Europa: 1/6/1999 z.B. heißt 6. Januar 1999.

UNTERKUNFT *(accomodation)*. Beim New York Convention & Visitors Bureau (siehe FREMDENVERKEHRSÄMTER) erhalten Sie die neueste Hotelliste. Soweit möglich, sollte man ein Zimmer im voraus buchen; in der Stadt kann es während Konferenz- und Ferienzeiten recht eng werden. Ihre eventuelle Reservierung sollten Sie sich vor der Abreise nach New York bestätigen lassen und das entsprechende Schreiben auch mitnehmen. In den Zimmerpreisen sind die Steuer von 19¼% (14¼%, falls das Zimmer weniger als $100 kostet) und die »Inanspruchnahme-Steuer« (*occupancy tax*) von $2 pro Tag nicht inbegriffen. Außer bei Pauschalreisen mit entsprechenden Vorausbestellungen ist in den Hotelpreisen keine Mahlzeit eingeschlossen. Kinder können in vielen Unterkünften kostenlos im Elternzimmer übernachten.

Jugendherbergen (*youth hostel*). Außer der Jugendherberge, die für Reisende aller Altersstufen geöffnet ist (siehe unten), gibt es eine Anzahl von Unterkünften, die entweder von der YMCA (Young Men's Christian Association) und der YWCA (Young Women's Christian Association) betrieben werden und allgemein unter dem Kürzel Y bekannt sind. In AYH- oder Y-Häusern wird keine Steuer erhoben. Man braucht keiner besonderen Organisation anzugehören, um in einem Y unterzukommen, aber für eine Reservierung wendet man sich am besten vorher schriftlich an den *Resident Director*. Zwei der besten dieser Y-Gästehäuser – sowohl für Männer als auch Frauen zugänglich – sind: Vanderbilt YMCA, 224 East 47th Street, New York, NY 10017; Tel. 755-2410; West Side YMCA, 5 West 63rd Street, New York, NY 10023; Tel. 787-4400.

Eine weitere Adresse: The New York International AYH-Hostel, 891 Amsterdam Avenue, New York, NY 10025; Tel. 932-2300.

ein Einzel-/Doppelzimmer	**a single/double room**
Was kostet eine Übernachtung?	**What's the rate per night?**

WÄSCHEREI und REINIGUNG (*laundry; dry cleaning*). Vielleicht verfügt Ihr Hotel über einen entsprechenden zuverlässigen Tages-Service; in einigen Hotels gibt es wenigstens auch ein paar Wäscheleinen im Badezimmer.

Selbstbedienungs-Waschsalons mit Münzautomaten und Trockenschleudern finden Sie im Branchenfernsprechbuch (*Yellow Pages*) von Manhattan unter *Laundries–Self-Service*; oder fragen Sie danach am Hotelempfang.

Chemische Reinigungen erledigen die Aufträge gewöhnlich innerhalb von 24 Stunden. Sie stehen ebenfalls im Branchenverzeichnis, und zwar unter *Cleaners & Dyers*. In SB-Reinigungen (Cleaners–Self-Service) ist eine »Ladung« Kleidungsstücke, die hier nach Gewicht berechnet werden, in ungefähr einer Stunde wieder sauber.

PRAKTISCHE HINWEISE

ZEITUNGEN und ZEITSCHRIFTEN *(newspapers; magazines)*. Die führenden Tageszeitungen der Stadt sind *Daily News*, *The New York Times* und die *New York Post*. Die Sonntagsausgabe der New York Times enthält einen umfangreichen Kunst- und Freizeitabschnitt, der auch Besuchern nützlich ist. In den Wochenzeitschriften – *The New Yorker*, *New York* und *The Village Voice* – findet man »Veranstaltungskalender« für Theater, Nachtklubs, Museen, Kunstgalerien, Konzertsäle und die Sportwelt.

Das reichhaltigste Angebot an ausländischen Presseerzeugnissen findet man bei Hotalings, 142 West 42nd Street, oder an den Zeitungsständen größerer Hotels.

ZOLL UND PASSFORMALITÄTEN *(customs; entry formalities)*. Siehe auch FLUGHÄFEN. Für die Einreise in die USA benötigt man einen gültigen Reisepaß und ein Besuchervisum, das in amerikanischen Botschaften und Konsulaten zu bekommen ist. Außerdem müssen Sie eine Zollerklärung vorweisen; das Formular dazu erhalten Sie meist schon im Flugzeug.

Folgende Tabak- und Alkoholmengen dürfen Sie zollfrei ein- bzw. ausführen (wenn Sie mindestens 21 Jahre alt sind).

nach:	Zigaretten Zigarren Tabak	Spirituosen Wein
USA	200 oder 50 oder 1350 g	1 l
BRD/Österreich/Schweiz	200 oder 50 oder 250g	1 l und 2 l

Von Besuchern dürfen zoll- und steuerfrei Artikel im Wert bis zu $100 als Geschenke eingeführt werden. Das gilt allerdings nur für einen Aufenthalt von wenigstens 72 Stunden, ist nur alle 6 Monate möglich und nur dann, wenn Sie die Waren auch bei sich führen; in diesen Freibetrag dürfen bis zu 100 Zigarren eingerechnet werden, hingegen keine Spirituosen oder Wein.

Einer strengen Kontrolle unterliegen auch Pflanzen und Lebensmittel; Auslandsbesucher dürfen z.B. kein Obst, kein Gemüse oder Fleisch mitbringen.

Devisenbeschränkungen. Zahlungsmittel (auch Schecks usw.) im Wert von über $10 000 müssen sowohl bei der Ein- als auch bei der Ausreise deklariert werden.

Ich habe nichts zu verzollen.	**I've got nothing to declare.**
Es ist für meinen persönlichen Gebrauch bestimmt.	**It's for personal use.**

Subways

Broadway-7 Avenue (West Side IRT)

1 Local Weekdays, 6:00–20:00, all stops, South Ferry to 137 St; skip-stop with 9, 137 to 242 St. All stops to 242 St, evenings, weekends, & nights
2 Express All times, uptown to 241 St, Bronx, downtown to Flatbush Av, Brooklyn
3 Express Daily, 6:00–24:00, uptown to 148 St, Manhattan, downtown to New Lots Av, Brooklyn. Nights, shuttle bus, 135–148 St
9 Local Weekdays only, 6:00–20:00; see 1

Lexington Avenue (East Side IRT)

4 Express All times, uptown to Woodlawn, Bronx, downtown to Atlantic, New Lots, or Utica Av, Brooklyn. Nights, 4 makes all local stops
5 Express Daily, 6:00–24:00, uptown to Dyre Av or 241 St, Bronx, downtown to Bowling Green, Manhattan, or Flatbush Av, Brooklyn
6 Local Daily, 6:00–24:00, uptown to Pelham Bay Park or East 177 St, Bronx, downtown to Brooklyn Bridge, Manhattan

Flushing-42 Street Crosstown (IRT)

7 Local All times, Main St, Queens, to Times Square, Manhattan; weekday express, 6:00–20:00

42 Street Shuttle (IRT)

S All times, Grand Central to Times Square

8 Avenue (IND)

A Express Weekdays, 6:00–20:00, uptown to 207 St, Manhattan, downtown to Lefferts Blvd or Far Rockaway, Queens. Evenings, nights and weekends, all local stops
C Local Weekdays, 6:00–20:00, 145 St, Manhattan, or Bedford Park Blvd, Bronx, to Euclid Av, Brooklyn, or Rockaway Park, Queens. Evenings & weekends, 145 St to World Trade Center
E Local All times between Jamaica Center, Queens, and World Trade Center, Manhattan

6 Avenue (IND)

B Express Weekdays, 6:00–20:00, uptown to 168 St, Manhattan, downtown to Coney Island, Brooklyn. Evenings and weekends, between 21 St, Queens, and Coney Island, Brooklyn
D Express All times, uptown to 205 St, Bronx, downtown to Coney Island, Brooklyn
F Local Daily, 6:00–24:00, 179 St, Queens, to Kings Highway or Coney Island, Brooklyn. Nights, 50 St, Manhattan, to Coney Island
Q Local Weekdays, 6:00–21:00, 21 St, Queens, to Brighton Beach, Brooklyn; nights, 21 St, Queens, to Broadway-Lafayette St, Manhattan

Canarsie-14 Street Crosstown (BMT)

L All times, Canarsie, Bklyn–8 Av, Manhattan

Nassau Street (BMT)

J Local All times between Jamaica Center, Queens, and Broad St, Manhattan
M Local Weekdays, 6:00–20:00, Metropolitan Av, Queens, to Broad St, Manhattan
Z Local Rush hours, Jamaica to Broad St

Broadway (BMT)

N Local All times, Ditmars Blvd, Queens, to Coney Island, Bklyn
R Local Daily, 6:00–24:00, 71 Av or 179 St, Queens, to 95 St, Brooklyn

© 1991 Tauranac, Ltd. All Rights Reserved. Reprinted by permission of Tauranac, Ltd.

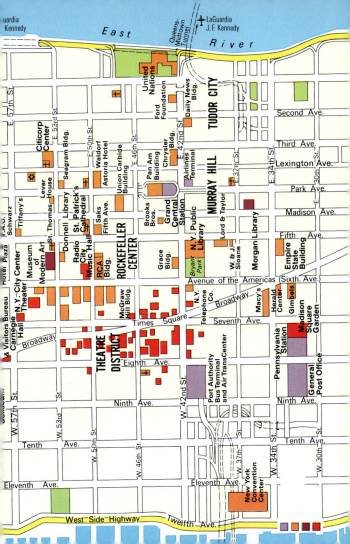

REGISTER

Ein Sternchen (*) neben einer Seitenzahl verweist auf eine Karte, fettgedruckte Seitenzahlen kennzeichnen den Haupteintrag. Ein Register der praktischen Hinweise finden Sie auf Seite 99.

Alice Tully Hall 54
American Craft Museum 67
American Indian, Museum of **72**, 90
Apollo Theatre 59
Aquarium 90
AT&T InfoQuest Center 26
Atlantic Avenue **78**, 94
Avery Fisher Hall 52

Battery Park 37, 125*
~ City 39
Belvedere Castle **57**, 90
Bethesda Fountain and Terrace 54
Bevölkerung 10
Big Apple Circus 90
Bootsfahrten 76
Botanical Garden Conservatory 78
Bowery 50
Broadway 23, 27, **84–86,** 124–125*
Bronx Park 22*, 78
Brooklyn 22*, **77–78**
~ Museum 61–62
Brücken 22*, 77
Bryant Park 29

Carnegie Hall **27**, 86, 125*
Castle Clinton 37, 126*
Central Park 16, **54–57,** 89, 90, 124*
Chase Manhattan Bank 38, 126*
Children's Museum of Manhattan 90
Chinatown **43**, 94
Chrysler Building **30**, 32–33, 125*
Citicorp Center 30, 125*
City Hall 38
City of New York, Museum **71**, 90, 124*
Cleopatra's Needle 54, 124*

Cloisters, The 67–68
Colonnade Row 50
Columbia University 21, **58**
Cooper-Hewitt Museum 68

Delacorte Theater 57, 124*

East Village 48–50
Ellis Island 22*, 72–76
~ Immigration Museum 73
Empire State Building 34–35, 125*

Federal Hall Nat. Memorial 37, 126*
Fifth Avenue 24–26, 124–125*
Flatiron Building 16–17
42nd Street 27–30, 125*
Fraunces Tavern and Museum 14, **37–38,** 126*
Freiheitsstatue 16, 22*, **72–76**
Frick Collection 68–69, 124*

Grand Army Plaza 26, 125*
Grand Central Station 29, 125*
Grant's Tomb 58
Greenwich Village 47–48, 49*
Guggenheim Museum 70–71, 124*
Guiness World of Records 35

Harlem 17, 22*, **58–60**
Hayden Planetarium **61,** 90
Hicks Street 78
Holography, Museum of 71
Hubschrauberflüge 76–77

IBM Gallery of Science and Art 71
Immigration, Museum of 73
Int. Center of Photography 71
Intrepid Sea-Air-Space Museum 71

Jewish quarter 44
Juilliard School 54, 124*

Kinos 86
Kirchen
    St. John the Divine 58
    Riverside 58
    St. Mark's in-the-Bowery 50

Kirchen (Forts.)
  St. Patrick's Cathedral 11, 15, **26,** 125*
  St. Peter's 30
  Trinity 38, 126*
Kristallpalast 15, **29**

Laserium 61
Lincoln Center **50–54,** 86, 124*
Little Italy 44, 94
Lower East Side 43–44

MacDougal Alley 47, 49*
Madison Square Garden **35,** 89, 125*
Metropolitan Museum of Art 62–65, 124*
Metropolitan Opera House 52 124*
Mitzi Newhouse Theater 52
Modern Art, Museum of (MOMA) 65–66, 125*
Morris-Jumel Mansion 60
Moving Image, Museum 71
Museo del Barrio, El 60
Museen 60–72, 90, siehe auch unter den einzelnen Einträgen
Musik 86, 87

Natural History, Museum **61,** 62, 90, 124*
NBC-Studios 23
New York Telephone Company Building 29
New-York Historical Society 71, 124*
New York State Theater 52, 124*
News Building 30

Old Custom House 37
Orchard Street 44

Pan Am Building 29, 125*
Performing Arts at Lincoln Center, Museum of 52
Pierpont Morgan Library 72
Public Library **29,** 31, 125*
~ at Lincoln Center **52,** 86

Public Theater **49,** 85

Radio City Music Hall 24, 125*
Rainbow Room, The 23
RCA Building (General Electric) 23, 125*
Ringling Brothers Barnum & Bailey Circus 90
Riverside Drive 58, 124*
Rockefeller Center 21–24, 125*

Schomburg Center for Research in Black Culture 60
Seagram Building 30, 125*
SoHo 48
South Street Seaport (Museum) **39,** 72, 90, 94, 126*
Staten Island 13, 16, 22*
Stock Exchange 37, 126*
Strawberry Fields 54
Studio Museum in Harlem 60

Theater 84–86, siehe auch unter den einzelnen Einträgen
Times Square 27, 125*
TriBeCa 48
Trump Tower **26,** 83

United Nations 17, **30–34,** 125*

Vereinte Nationen, siehe United Nations
Vietnam Veterans Memorial 38
Villard Houses 26
Vivian Beaumont Theater 52, 124*

W.R. Grace Building 29
Waldorf-Astoria 30, 125*
Wall Street 15, **35–43,** 126*
Washington Square 47–48, 49*
Whitney Museum of American Art 66
World Financial Center 39
World Trade Center 38–39, 126*

Zirkus 90
Zoos 54, 78, 90, 124*

HOTELS

Für ein Hotelzimmer zahlen Sie in New York ziemlich viel, aber die meisten Hotels bieten Wochenendarrangements mit Preisermässigungen von 20% bis zu 50%. Manchmal sind ein freier Museumspaß, Theaterkarten und Brunch oder Abendessen inbegriffen. Außerhalb der Hochsaison, zum Beispiel im Sommer, sind Ermässigungen bis zu 25% erhältlich. Sie sollten Ihr Zimmer immer im voraus buchen. Viele Hotels bieten Selbstwählverkehr und Fax-Möglichkeiten.

Die meisten Hotels haben Zimmer mit Doppelbett. Wenn das Zimmer mit 2 Personen besetzt ist, kostet es nur 10–20% mehr als mit 1 Person. Die nachfolgenden Preise gelten für Doppelzimmer, Taxen (S.100) und Trinkgelder exklusive. Wenn nicht anders angegeben, haben alle Zimmer Badezimmer mit Toilette. Klimaanlage, Kabelfarbfernsehen und Selbstwähltelefon gehören oft zur Ausstattung. Frühstück ist selten im Preis inbegriffen.

|| unter $100 ||| $100–200 ||||| über $200

Chatwal Inn on 48th St. ||
234 W. 48th St., NY 10036 (Broadway and Eighth Ave.). Tel. 246-8800/ 1-800-826-4667, fax 974-3922.
400 Zimmer. Gutes Hotel in der Theater-Gegend. Schöne Eingangshalle mit Wasserfall.

Doral Court ||
130 E. 39th St., NY 10016 (at Lexington Ave.).
Tel. 685-1100/1-800-624-0607, fax 889-0287.
199 Zimmer, meistens sehr geräumig. Südlich der Grand Central Station gelegen.

HOTELS

Gramercy Park Hotel ||
2 Lexington Ave., NY 10010 (at E. 21st St.).
Tel. 475-4320/1-800-221-4083, fax 505-0535.
500 Zimmer. Ruhiges gemütliches Hotel.

The Helmsley Middletowne Hotel ||
148 E. 48th St., NY 10017 (Lexington and Third aves.). Tel. 755-3000/
1-800-221-4982, fax 832-0261.
192 Zimmer. Ruhiges und sehr behagliches Haus nahe der UN.

The Helmsley Palace |||
455 Madison Ave., NY 10022 (E. 50th and 51st sts.). Tel. 888-7000/
1-800-221-4982, fax 888-1074.
773 Zimmer. Hinter St. Patrick's Cathedral gelegen. Moderner 55-stöckiger Palast.

Herald Square Hotel |
19 W. 31st St., NY 10001 (at Fifth Ave.). Tel. 279-4017/1-800-727-1888,
fax 643-9208.
130 Zimmer. Das im 19. Jahrhundert restaurierte Gebäude des *Life* Magazins liegt drei Blöcke vom Empire State Building entfernt.

Holiday Inn Crowne Plaza ||
1605 Broadway, NY 10019 (W. 48th and 49th sts.). Tel. 977-4000/
1-800-465-4329, fax 333-7393.
770 Zimmer. Schwarze Glasstruktur verbindet sich mit Marmorbädern, Fitnessklub und überdachtem Schwimmbad.

Hotel Beverly ||
125 E. 50th St., NY 10022 (at Lexington Ave.).
Tel. 753-2700/1-800-223-0945.
220 Zimmer. Ein Familienhotel im geschäftigen East Side.

Hotel Esplanade ||
305 West End Ave., NY 10023 (at W. 74th St.). Tel. 874-5000/
1-800-367-1763, fax 496-0367.
200 Zimmer. Nahe des Lincoln Center mit Blick auf den Fluß. Vernünftige Preise. Fitnessklub im Haus.

Hotel Iroquois |
49 W. 44th St., NY 10036 (Fifth and Sixth aves.). Tel. 840-3080/
1-800-332-7220, fax 827-0464.
125 Zimmer. Renoviertes, zentral gelegenes Hotel. Suiten mit Kochnischen ausgestattet.

HOTELS

Hotel Macklowe ||||
*145 W. 44th St., NY 10036 (Sixth Ave. and Broadway). Tel. 768-4400/
1-800-622-5569, fax 768-0847.*
638 Zimmer. Art-Deco Gebäude beim Times Square. Räume mit allen technischen Feinheiten versehen. Ausgezeichneter Fitnessklub.

Hotel Wales ||
*1295 Madison Ave., NY 10028 (at E. 92nd St.).
Tel. 876-6000/1-800-223-0888, fax 860-7000.*
92 Zimmer. Eines der ältesten eleganten Stadthotels liegt ganz in der Nachbarschaft der Upper East Side.

Hôtel Plaza Athénée ||||
*37 E. 64th St., NY 10021 (Park and Madison aves.). Tel. 734-9100/
1-800-447-8800, fax 772-0958.*
156 Zimmer. Dieses Hotel an der Upper East Side ist mit französischen Möbeln eingerichtet, zeigt Fresken und serviert ausgezeichnete Gerichte.

Malibu Studios Hotel |
*2688 Broadway, NY 10025 (W. 103rd and 104th sts.). Tel. 222-2954,
fax 678-6842.*
150 Studios. Saubere preiswerte Unterkunft an der Upper West Side.

The Mark ||||
*25 E. 77th St., NY 10021 (at Madison Ave.).
Tel. 744-4300/1-800-843-6275, fax 744-2749.*
182 Zimmer. Dieses behagliche Haus bietet italienisches neoklassisches Design.

The Mayflower Hotel ||
*15 Central Park West, NY 10023 (W. 61st and 62nd sts.). Tel. 265-0060/
1-800-223-4164, fax 265-5098.*
377 Zimmer mit Blick auf den Central Park.

Paramount Hotel ||
*235 W. 46th St., NY 10036 (Broadway and Eighth Ave.). Tel. 764-5500/
1-800-225-7474, fax 354-5237.*
610 Zimmer. Fitnessklub, Kino, Videoverleih und Kinderspielraum sind die Attraktionen dieses Hotels.

Pickwick Arms Hotel |
*250 E. 51st St., NY 10022 (Second and Third aves.). Tel. 355-0300/
1-800-742-5945, fax 755-5029.*
400 Zimmer. Gutes preisgünstiges Hotel in Wohngegend.

HOTELS

Portland Square Hotel
132 W. 47th St., NY 10036 (Sixth and Seventh aves.). Tel. 382-0600, fax 382-0684.
110 Zimmer. Hübsch restauriertes Hotel im Theater District.

Ramada Hotel
790 Eighth Ave., NY 10024 (W. 48th and 49th sts.). Tel. 581-7000/ 1-800-228-2828, fax 974-0291.
366 Zimmer. Auf diesem 15-stöckigen Hotelgebäude können Sie sich im Dachswimmingpool tummeln.

Salisbury Hotel
123 W. 57th St., NY 10019 (Sixth and Seventh aves.). Tel. 246-1300/ 1-800-223-0680, fax 977-7752.
320 Zimmer, die meisten sehr geräumig. Nur zwei Häuserblocks südlich vom Central Park gelegen.

United Nations Plaza Hotel
1 U.N. Plaza, NY 10017 (First Ave. and E. 44th St.). Tel. 355-3400/ 1-800-228-9000, fax 702-5051.
428 Zimmer. In diesem gläsernen Wolkenkratzer gegenüber der UN beginnen die Gästezimmer im 28. Stockwerk. Fitness-Center, überdachter Swimming-Pool und Tennisplatz.

The Waldorf-Astoria
301 Park Ave., NY 10022 (E. 49th and 50th sts.). Tel. 355-3000/ 1-800-445-8667, fax 758-9209.
1,408 Zimmer. Hinter der Grand Central Station gelegen, besitzt New York's vornehmstes Hotel ein ausgezeichnetes Fitness-Center, Theater, Fremdenführer, Geschäfte, Bars und zahlreiche Restaurants.

Washington Square Hotel
103 Waverly Pl., NY 10011 (Washington Sq. and Sixth Ave.). Tel. 777-9515/1-800-222-0418, fax 979-8373.
200 Zimmer. Im Herzen von Greenwich Village liegendes restauriertes Hotel.

Wyndham Hotel
42 W. 58th St., NY 10019 (Fifth and Sixth aves.). Tel. 753-3500.
185 Zimmer. Das Wyndham, nahe beim Central Park, ist ein charmantes Privathotel mit großen altmodischen Räumen.

RESTAURANTS

Restaurants sind in Preiskategorien unterteilt, bei denen die ungefähren Kosten für eine Person und ein Menu mit 3 Gängen, Getränke, Taxen und Trinkgelder exklusive, berechnet sind. Viele Restaurants bieten spezielle Arrangements wie Theaterabendessen und Wochenend-Brunches an. Reservationen sind empfehlenswert.

|| unter $15 ||| $15–35 ||||| über $35

Akbar ||
475 Park Ave. (E. 57th and 58th sts.). Tel. 838-1717.
Indisch. Echte Nord-Indische Küche in hellem Lokal. Gute Geflügel-Speisen und vegetarische Spezialitäten.

American Festival Café ||
Rockefeller Center, 20 W. 50th St. (Fifth and Sixth aves.). Tel. 246-6699.
Amerikanisch. Im Sommer befindet sich das Café auf der unteren Terrasse, umgeben von Sonnenschirmen, Geranien und einem Springbrunnen. Spezialitäten: Kalter pochierter Lachs, Maryland Krabben-Kuchen, Rippenstücke.

Aquavit |||
13 W. 54th St. (Fifth and Sixth aves.). Tel. 307-7311.
Skandinavisch. Ein sensationelles Atrium (das darüberliegende Café ist günstiger als das Restaurant). Marinierter Lachs, geräuchertes arktisches Wildbret und Aquavits. Am Samstag-Mittag und Sonntags geschlossen.

Benny's Burritos |
113 Greenwich Ave. (at Jane St.). Tel. 727-0584.
Kalifornisch-Mexikanische *burritos* (gedämpfte Mehl *tortillas*) mit frischer Füllung (Lamm, Truthahn, Vegetarisches) werden heruntergespült mit *margaritas* in dieser Dorf-Bar.

RESTAURANTS

La Bonne Soupe
48 W. 55th St. (Fifth and Sixth aves.). Tel. 586-7650.
Suppen serviert mit Salat, Brot, Dessert und Getränke in französischem Bistro mit Atmosphäre. Auch Eier-, Fisch-und Fleisch-Gerichte.

Bouley
165 Duane St. (Hudson and Greenwich sts.). Tel. 608-3852.
Französisch. Superbe provenzalische Küche in einem hübschen Restaurant in BriBeCa. Das Menü enthält gegrillten oder in Rot-Wein-Sauce gekochten Hummer, gebratene Schnitzel, gebratene Tauben und fruchtige Soufflés. Samstag-Mittags und Sonntags geschlossen.

Broadway Diner
1726 Broadway (at W. 55th St.). Tel. 765-0909.
Im 50er Stil gedeckt mit grossen Portionen.

Brother's Bar-B-Que
228 W. Houston St. (near Varick St.). Tel. 727-2775.
Gegrillte Poulet, Rippen- und Bruststücke mit Musik für die Seele.

Cabana Carioca
123 W. 45th St. (Sixth and Seventh aves.). Tel. 581-8088.
Brazilianisch. Ein populäres Lokal im Theater-Gebiet. Grosse Portionen mit Mariscada, Fisch- und Meeresfrüchten. Eintopf und feijoada, ein Eintopf mit Bohnen, Fleisch und Wurst.

Carnegie Delicatessen & Restaurant
854 Seventh Ave. (at W. 55th St.). Tel. 757-2245.
Legendäre pastrami (geräuchertes Rindfleisch) und gepökelte Rindfleisch-Sandwichs.

Condon's
117 E. 15th St. (Union Sq. East and Irving Pl.). Tel. 254-0960.
Amerikanisch. Grotto für gutes Bistro Essen (Maryland Krabbenkuchen) und Jazz. Musik live. Mit Garten.

Elephant & Castle
68 Greenwich Ave. (near Seventh Ave.). Tel. 243-1400.
Dorf-Café bekannt für seine saftigen Burgers, luftigen Omeletten, guten Salate und Desserts. Auch in SoHo 183 Prince St.

The Four Seasons
99 E. 52nd St. (Park and Lexington aves.). Tel. 754-9494.
Kontinental/International. The Four Seasons ist als kulinarische Institution eingestuft. Versuchen Sie den Grill Room für's Mittagessen (Krabbenkuchen, gegrillter Fisch und Fleisch) und den Pool Room für's Abendessen (Hummer-Ragout, Knusprige Ente). Grill Room Sonntags geschlossen, Pool Room Samstag Mittags und Sonntags geschlossen.

Golden Unicorn
18 E. Broadway (at Catherine St.). Tel. 941-0911.
Chinesisch. Ein lebendiges Hong-Kong Stil Restaurant, einige sagen Chinatown's bestes. Versuchen Sie das Gericht dim sum (gefüllte Knödel und andere Speisen).

Gotham Bar & Grill
12 E. 12th St. (Fifth Ave. and University Pl.). Tel. 620-4020.
Amerikanisch. Ein auffallend entworfenes Greenwich Village Lokal berühmt für seine haute cuisine: Meeresfrüchte-Salate, Fischgerichte, geräucherte Ente, Lamm. Samstags und Sonntag-Mittags geschlossen.

Les Halles
411 Park Ave. South (E. 28th and 29th sts.). Tel. 679-4111.
Französisch. Ein echtes Pariser Bistro spezialisiert in Charcuterie, cassoulets, steak tartar.

John's Pizza
278 Bleecker St. (at Seventh Ave.). Tel. 243-1680.
Im Greenwich Village, wahrscheinlich die besten Pizzas in New York.

The Manhattan Ocean Club
57 W. 58th St. (Fifth and Sixth aves.). Tel. 371-7777.
Amerikanisch. Ein exzellentes Restaurant für Meeresfrüchte, ausgestattet mit Picasso Bildern, spezialisiert sich auf gebackene Austern und Sandmuscheln, gegrillten Haifisch, Lachs-Steak und pikante Krabben-Kuchen. Samstags und Sonntag-Mittags geschlossen.

Oyster Bar & Restaurant
Grand Central Terminal, lower level (E. 42nd St. at Vanderbilt Ave.). Tel. 490-6650.
Amerikanisch. Eine weite Halle bietet saftige Austern, frischen Fisch, Eintöpfe und chowders (herzliche Suppe aus Meeresfrüchten). Samstags und Sonntags geschlossen.

RESTAURANTS

Pasta Pot
160 Eighth Ave. (at W. 18th St.). Tel. 633-9800.
Einladendes italienisches Lokal in Chelsea mit 20 verschiedenen Teigwaren-Gerichten.

The Rainbow Room
30 Rockefeller Plaza (W. 49th and 50th sts.). Tel. 632-5000.
Kontinental. Auf dem 65. Stock eines RCA Gebäudes. Der modernste "supper club" der Stadt bedient Sie mit Gerichten wie Austern Rockefeller, Hummer und Tournedos Rossini. Nur Abendessen. Montags geschlossen.

Serendipity 3
225 E. 60th St. (Second and Third aves.). Tel. 838-3531.
Spielzeug Geschäft-Restaurant serviert Hot-dogs, Burgers, kleine Pizzas und Eis mit heissem Caramel.

Sevilla
62 Charles St. (Seventh Ave. and W. 4th St.). Tel. 929-3189.
Spanisch. Rustikales Lokal mit Spanischer Musik, einzigartigen Paellas und saftigem Sangria.

Shinwa
645 Fifth Ave. (at E. 51st St.). Tel. 644-7400.
Japanisch. Geniessen Sie sushi bei einem Wasserfall und reflektierendem Pool, oder im Winter, bestellen Sie zosui, ein Reisbrei, Schnitzel und Spinat. Sonntags geschlossen.

Soho Kitchen and Bar
103 Greene St. (Spring and Prince sts.). Tel. 925-1866.
Amerikanisch. Pizzas, Teigwaren, gegrillter Fisch, Salate, Burgers und über 100 verschiedene Sorten von Wein im SoHo Lokal, dekoriert mit Kunstwerken.

Symphony Café
950 Eighth Ave. (at W. 56th St.). Tel. 397-9595.
Amerikanisch. Stattliches und zwangloses Café mit feiner Küche. Hausgemachte Teigwaren, Lachs-Steak und gegrillte Entchen.

Windows on the World
1 World Trade Center (Vesey and Liberty sts.). Tel. 938-1111.
International. Die Aussicht, die Wein-Karte und die Wochenend-Brunche sind die Hauptattraktionen dieses 107 Stockwerk Gebäudes. Meeresfrüchte Spezialitäten.